Ana Brasil Couto

CMMI – Integração dos Modelos de Capacitação e Maturidade de Sistemas

"Capability Maturity Model Integration"

❏ Guia para melhoria contínua do processo de sistemas
❏ Estrutura básica para métodos confiáveis de avaliação

CMMI – Integração dos Modelos de Capacitação e Maturidade de Sistemas
Copyright© 2007 Editora Ciência Moderna Ltda.

Todos os direitos para a língua portuguesa reservados pela EDITORA CIÊNCIA MODERNA LTDA.

Nenhuma parte deste livro poderá ser reproduzida, transmitida e gravada, por qualquer meio eletrônico, mecânico, por fotocópia e outros, sem a prévia autorização, por escrito, da Editora.

Editor: Paulo André P. Marques
Capa: Antonio Carlos Ventura
Diagramação: Equipe Ciência Moderna
Copydesk: Alayde Nunes Americano
Digitalização de imagens: Verônica Paranhos
Revisão de provas: Camila Cabete Machado

Várias **Marcas Registradas** podem aparecer no decorrer deste livro. Mais do que simplesmente listar esses nomes e informar quem possui seus direitos de exploração, ou ainda imprimir os logotipos das mesmas, o editor declara estar utilizando tais nomes apenas para fins editoriais, em benefício exclusivo do dono da Marca Registrada, sem intenção de infringir as regras de sua utilização.

FICHA CATALOGRÁFICA

Couto, Ana Brasil
CMMI – Integração dos Modelos de Capacitação e Maturidade de Sistemas
Rio de Janeiro: Editora Ciência Moderna Ltda., 2007

Engenharia de sistemas; Projeto de sistemas
I — Título

ISBN: 978-85-7393-570-7   CDD 620.7

Editora Ciência Moderna Ltda.
Rua Alice Figueiredo, 46
CEP: 20950-150, Riachuelo – Rio de Janeiro – Brasil
Tel: (0xx21) 2201-6662
Fax: (0xx21) 2201-6896
E-mail: lcm@lcm.com.br
www.lcm.com.br   01/07

"Aos meus amigos, em especial, Gustavo, Christiana, Cássia, Denise, Almir, Anna, Yeda, Cacau, Antonio Cláudio, Gabriel e Julia, referências de sabedoria e emoção."

Objetivo do Livro

- Despertar os participantes para a compreensão da importância de se ter processos definidos em uma organização e para a lógica da melhoria de processos;
- Entender a arquitetura dos modelos CMMI (níveis de maturidade, áreas de processos, objetivos e práticas gerais);
- Dar habilitação aos leitores para aplicar os princípios do CMMI, e para responder às necessidades das organizações de engenharia de software e engenharia de sistemas;
- Correlacionar o CMMI com o CMI, enfatizando as principais diferenças entre eles.

Por que Investir na Aquisição Deste Livro?

Defina qual o nível em que se encontra a sua empresa e saiba como controlar e estruturar as contratações da organização através da utilização do CMMI.

Conheça os cases de empresas que já implantaram o CMMI, em diversos níveis, verifique os obstáculos ocorridos durante o processo de adaptação, as soluções aplicadas em cada situação e os benefícios alcançados por cada uma delas.

Entenda como, onde e por que aplicar o CMMI em sua empresa e saiba quais os benefícios técnicos e de negócio que você obterá, tais como, redução substancial em integração de sistemas e tempo de teste com maior probabilidade de sucesso, crescimento do foco e consistência em requisitos de administração e desenvolvimento, administração de riscos e alavancagem no processo de melhoria do investimento

Ganhe maturidade, capacidade, qualidade, previsibilidade nos processos e alcance os objetivos estratégicos de negócio e satisfação do cliente através da aplicação do CMMI e de indicadores de medição das atividades.

Grande parte do conteúdo deste livro é uma tradução livre da documentação da SEI – Software Engineering Institute, da Universiade Carnagie Mellon, para suprir o impacto devido à falta de literatura em português e conseqüentemente contribuir para a melhoria do processo de software, em especial utilizando os modelos CMM e CMMI, que têm sido utilizados com sucesso no mundo para incremento de produtividade e competitividade em empresas de software.

Agradecimentos para todos os competentes profissionais, nossa fonte de pesquisa contínua, devidamente referenciados na bibliografia.

A autora agradece a José Porphirio Araújo de Miranda, que deu o primeiro passo para a execução desta obra, e a Ana Regina Rocha, pela orientação em relação aos procedimentos legais pertinentes a elaboração de uma obra literária.

Agradece ao editor George Meireles e ao diagramador Julio Cesar Baptista, que, com a paciência de verdadeiros mestres, souberam encaminhar com carinho e zelo este trabalho em todos os momentos e também a muitas pessoas que colaboraram sem que seus nomes apareçam.

Em particular, agradece a Almir Couto, Cezar Taurion, Claudia Hazan, Marcio Silveira, Paulo Ricardo Stephan, Marco Antonio Pombo e Suzana Lino Pauliukonis pela participação durante as fases de preparação e revisão deste empreendimento.

Prefácio escrito
por Cláudia Hazan

Segundo as estatísticas apresentadas nos relatórios do *Standish Group* (CAOS Report), a indústria de software continua lidando com projetos de software mal-sucedidos. Os dados de 2003 mostram que apenas 34% dos projetos foram bem sucedidos. Algumas literaturas apontam o término da crise que atingiu a indústria de software na década de 80. No entanto, observando-se as estatísticas da indústria é fácil notar que a crise continua. A crise do software terminou para as empresas que conseguiram evoluir de um processo de desenvolvimento de software caótico para um processo gerenciável e controlado. Os principais sintomas da crise do software que ainda encontram-se presentes no cenário atual são os seguintes: As estimativas de prazo e custo freqüentemente são imprecisas; A produtividade das pessoas da área de software não tem acompanhado a demanda por seus serviços; A qualidade do software não é adequada.

Felizmente, as estatísticas do *Standish Group* (CAOS Report) têm apresentado uma tendência de melhoria (1994: 16% de projetos de software bem sucedidos; 2001: 27% de projetos de software bem sucedidos; 2003: 34% de projetos de software bem sucedidos). Esta melhoria ocorreu devido à percepção da indústria sobre a importância estratégica do software, devido ao surgimento de clientes mais exigentes e, especialmente, devido aos investimentos na implantação das melhores práticas da Qualidade de Software, preconizadas pelos modelos e normas da Qualidade. Neste contexto, é importante destacar o crescimento significativo da certificação ISO 9001 na indústria de software e da qualificação em modelos da Qualidade de Software, como o CMM (*Capability Maturity Model*).

Desta maneira, pode-se ressaltar que os principais problemas que afetam os projetos de software não são os tecnológicos e sim os gerenciais. Por isso, torna-se importante a implantação de modelos da qualidade de software, que promovam a implantação de práticas efetivas para gestão de projetos e do processo de desenvolvimento de software. Neste contexto, sugere-se a adoção das melhores práticas, descritas no modelo CMMI (*Capability Maturity Model Integration*). Este modelo constitui um guia para a evolução de um processo de desenvolvimento software caótico para um processo de software gerenciado, de forma incremental e organizada. O modelo não é prescritivo, portanto cada organização, de acordo com sua cultura, pode implantar seus processos e macro-atividades de desenvolvimento de software seguindo as diretrizes do modelo.

Este livro vem contribuir para todos os estudantes e profissionais que desejem conhecer ou aprofundar seus conhecimentos na área de Qualidade de Software e para os gestores de organizações ou de departamentos de desenvolvimento de software que tenham como propósito melhorar a qualidade de seus produtos de software. Note que a qualidade do produto de software está fortemente relacionada com a qualidade de seu processo de produção. Então, torna-se importante implantar as melhores práticas da qualidade de software no processo de desenvolvimento para a obtenção de produtos de software com qualidade adequada e conseqüentemente melhora da satisfação do cliente (Figura 1, abaixo).

Para concluir, se a sua organização possui problemas associados ao processo de desenvolvimento de software imaturo, tais como:
- Improvisado pelos profissionais e sua gerência
- Não é rigorosamente seguido ou aplicado
- Altamente dependente dos profissionais atuais
- Baixa visibilidade de progresso e qualidade
- As funcionalidades e a qualidade do produto podem ser comprometidas para atender ao cronograma
- Uso arriscado de nova tecnologia
- Custos excessivos de manutenção
- Baixa previsibilidade: custos, prazo, qualidade

Então, você precisa transformar este processo artesanal em um processo maduro e ser apresentado aos modelos CMM e CMMI, que estão entre os modelos de qualidade de processo de software mais utilizados no Brasil e no mundo.

Realidade no Brasil

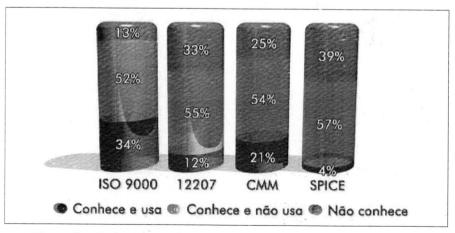

Figura 2 – *Conhecimento de normas e modelos de qualidade de processo.*
(Fonte: MCT [MCT 2001])

Sumário

MÓDULO EXECUTIVO

1 Resumo Executivo 3
2 Qual é o Melhor Modelo para a Nossa Empresa? 15
3 O Porquê da Adoção do CMMI para as Empresas 17
4 Estado da Prática no Brasil e no Mundo – Gráficos e Estatísticas 23
5 O Que Esperar da Implantação de um Modelo CMMI 37

MÓDULO REFERENCIAL TEÓRICO

1 Histórico e Novas Tendências 45
2 Correlação entre CMMI e o CMM 53
3 Foco em Processo 63
4 Conceitos Básicos 67
5 Componentes Estruturais 85
    Níveis de Maturidade 85
    Áreas de Processo 86
6 Definição, Objetivos e Vantagens de CMMI 95
7 Detalhamento da Representação por Estágio 107
    Descrição de Cada Nível de Maturidade 109
    Caracterização 110

XVI CMMI ♦ Integração dos Modelos de Capacitação e Maturidade de Sistemas

8 Introdução do Modelo de Processo do Software Brasileiro (mpsBr) 129
Metas das Áreas de Processo por Nível de Maturidade............ 134
Mapeamento das Áreas de Processo do CMM para as
Áreas de Processo do CMMI 150
Estudo Dirigido 151

9 Detalhamento da Representação Contínua................................ 153
Organização da Área de Processo Contínua 153
Áreas de Processo de Acordo com as Categorias de Processo ... 155

10 Comparação entre as Duas Representações 173
Estudo de Caso: Escolhendo uma Representação 177
Comparando as Vantagens de Cada Representação 178
Níveis de Capacitação versus Níveis de Maturidade 180
Como uma Organização Saberá Qual Representação Usar 182

11 Estudo de Caso 187
"Análise de uma organização de software utilizando o modelo
CMMI/SEI v1.0" 187

12 Estudo de Caso 197
O CMMI no Contexto de Uma Operação de Fábrica
de Software 197

13 Referências Bibliográficas 211

Anexo 1 Gerência de Projeto na Engenharia de Software em Relação às
Práticas do PMBOK.. 217

Anexo 2 Modelo de Referência para Melhoria de Processo de Software:
Uma Abordagem Brasileira 229

Anexo 3 Gerência de Risco no CMMI 249

Anexo 4 PEPP: Processo de Software para Empresas de Pequeno Porte
Baseado no Modelo CMMI... 265

Módulo Executivo

1

Resumo Executivo

Na globalização do mercado de software, cada vez mais competitivo, terá mais chance de sobreviver quem for organizado e eficiente no seu processo de produção, disponibilização e evolução de software. Esse cenário faz com que o processo de melhoria de qualidade de produtos e serviços relativos à informação seja vital para as empresas desse ramo.

Além dos benefícios naturais, como produtividade e qualidade, comercialmente acredita-se que, em curto prazo, a certificação dos processos fabris será um pré-requisito básico para as contratações de produtos de software. Por esses motivos, o **CMM (Capability Maturity Model for Software)**, tornou-se, ao longo de uma década. o modelo de qualidade mais conhecido, usado e respeitado pela comunidade de engenharia de software.

Refletindo o acervo de experiência de profissionais e organizações de renome internacional, o CMM é entendido como um modelo de capacitação de arquitetura em estágios, que serve de referência para avaliar a maturidade dos processos de uma organização.

O fato de ser um modelo baseado nas experiências reais de organizações bem sucedidas no desenvolvimento de software faz com que as práticas que recomenda sejam eficientes e eficazes e reflitam "o melhor do estado da arte", não se constituindo, portanto, em um modelo meramente "teórico".

O CMMI

Tendo sido aplicado na prática por mais de uma década, era natural que o modelo CMM fosse atualizado para refletir melhorias sugeridas por aqueles que o implementaram.

As sugestões de melhoria foram agrupadas no que viria a ser o SW-CMM modelo 2.0. No entanto, uma série de fatores levou a SEI (Fundação Software Engineering Institute da Universidade de Carnegie Mellon) a modificar um pouco a forma pela qual esta atualização seria feita.

O primeiro fator é o fato de que o sucesso do SW-CMM levou à criação de uma série de outros "CMMs". Na verdade, quando falamos em "CMM", estamos nos referindo especificamente ao SW-CMM (CMM para software), o modelo mais antigo e conhecido. Na esteira de seu sucesso, foram criados, entre outros, o SE-CMM (Systems Engineering CMM – para desenvolvimento de sistemas completos, não apenas o software), o SA-CMM (Software Acquisition CMM – para seleção, compra e instalação de software desenvolvido por terceiros) e o P-CMM (People CMM, para medir a maturidade dos processos de gestão de Recursos Humanos em organizações de software).

Estes vários CMMs, porém, acabaram por ser desenvolvidos de modo distinto. O resultado foi que surgiram diversas inconsistências entre eles, em termos de nomenclatura, processo de avaliação e modo de implementação. Organizações que implementaram mais de um CMM tiveram problemas com a confusão de termos e conceitos, altos custos de treinamento e avaliação, já que, embora com inspiração comum, os modelos eram independentes. Assim, uma empresa que implantasse o SW-CMM e o P-CMM, por exemplo, era obrigada a realizar processos de avaliação separados.

Outro fator importante foi à necessidade, em parte política, de compatibilizar o SW-CMM com a norma ISO 15.504, desenvolvida pelo projeto SPICE. Novamente, inconsistências de método e terminologia exigiram que algo fosse feito. Estes fatores levaram o SEI a abandonar a abordagem de lançar o SW-CMM 2.0, estabelecendo em seu lugar um projeto de integração dos CMMs e compatibilização com a norma ISO. Daí o nome CMMI, que nada mais é do que CMM-Integrated.

No CMMI uma organização pode optar por dois enfoques para melhorar os seus processos: capacitação de uma determinada área de processo ou maturidade da organização como um todo. O suporte para tais enfoques é feito através da representação por estágio e da representação contínua, respectivamente.

Certificação *versus* Avaliação

Uma organização pode ser aferida ou avaliada comparando-se suas práticas reais com aquelas que o modelo de maturidade de capacitação prescreve ou recomenda. Essa aferição produz um diagnóstico da organização quanto aos seus processos. O diagnóstico serve de base para recomendações de melhoria de processos, e estas recomendações podem ser consolidadas em um plano de melhoria.

É importante observar, que tanto o CMMI como o CMM, não se caracterizam como um padrão de direito. Não se aplica a eles o conceito de certificação. O termo correto é avaliação ("appraisal"). Nesse sentido, não existe o formalismo encontrado nos procedimentos de certificação, como os utilizados, por exemplo, para a certificação ISO 9001. Portanto, por não serem baseados em procedimentos de certificação, não há exigência de reavaliações e nem há validade para o laudo, ou seja, o prazo é indeterminado. Isto significa que a organização pode obter um laudo oficial de maturidade como válido, ter descontinuado o processo de desenvolvimento e mesmo assim continuar a ter o laudo como válido, e vai poder utilizá-lo em processos licitatórios, por exemplo.

A SEI licencia e autoriza os avaliadores oficiais a conduzirem as avaliações, tendo por responsabilidade a gerência, a guarda e a manutenção dos laudos e relatórios encaminhados pelos avaliadores, e finalmente realiza análises sobre os resultados.

É importante ressaltar que o SEI não confirma a acurácia dos laudos que são reportados, ou seja, o SEI não assume nenhuma responsabilidade pelos laudos que são emitidos. A relação das organizações que possuem avaliações oficiais catalogadas "Maturity Profile" do SEI pode ser obtida no endereço: http://seir.sei.cmu.edu.

As aferições focalizam as práticas de uma organização, que pode ser uma companhia, uma divisão de uma companhia, um órgão de governo ou uma ramificação de qualquer uma dessas entidades: grandes empresas geralmente não são avaliadas como um todo, mas sim em nível de laboratório ou divisão.

CMM e Gerência de Projetos

A partir do lançamento e divulgação da versão 1.1 em 1993, o tema da maturidade de processo foi ganhando força na comunidade de engenharia de software. Esta força foi conseqüência dos resultados práticos obtidos pelas organizações

6 CMMI ♦ Integração dos Modelos de Capacitação e Maturidade de Sistemas

que realizaram programas de maturidade com o CMM como modelo de referência. O CMM organizou parte do conhecimento da engenharia de software em um modelo baseado em algumas premissas, incluindo uma sobre: "os maiores problemas nas organizações de software são gerenciais e não técnicos".

Estas premissas apontavam para soluções que, em um primeiro momento, focassem na utilização de princípios básicos de gerência de projeto para "arrumar a casa", gerar resultados imediatos e preparar a organização para as próximas etapas da maturidade. Sem uma gerência de projetos bem estabelecida, o risco de qualquer outra iniciativa não produzir os resultados esperados é muito grande.

O CMM define cinco níveis incrementais de maturidade do processo de desenvolvimento e manutenção de software, dos quais o primeiro é apenas um ponto de referência. O nível 2, que é a primeira referência a ser buscada nas empresas, é focado exatamente no estabelecimento de uma gerência de projetos. Para este nível o CMM define seis áreas chave de processo, nas quais são estabelecidas metas de maturidade a serem atingidas e são sugeridas práticas que podem ser implementadas para ajudar o atendimento destas metas. As principais metas da maturidade de processo do nível 2 são:

> ➢ definir e gerenciar requisitos do projeto, incluindo as mudanças destes requisitos,
> ➢ comprometer-se apenas com o trabalho estimado e planejado,
> ➢ acompanhar a execução do trabalho aferido em relação ao planejado,
> ➢ garantir que o trabalho satisfaça os padrões de qualidade estabelecidos,
> ➢ manter um controle rigoroso dos produtos, incluindo as mudanças destes produtos e
> ➢ garantir que todos os fornecedores sigam estes padrões.

Uma das grandes contribuições do CMM foi consolidar a importância da gerência de projetos para a engenharia de software.

CMMI e Gerência de Projetos

O modelo CMMI (Capability Maturity Model Integrated) é uma evolução do SW-CMM; foi lançado com duas representações, uma por estágio (como o SW-CMM) e outra contínua (como a ISO 15.504).

No CMMI está definida uma área de gerência de projeto no nível 2, composta por seis áreas de processo: planejamento de projeto, acompanhamento e controle de projeto, gerenciamento de acordos com fornecedores, gerenciamento integrado de projeto, gerenciamento de risco, e gerenciamento quantitativo de projeto. Além disso, são definidos seis níveis de capacidade para qualquer processo, das quais o nível 2 também está relacionado com a gerência de projeto.

Conclusão do Tópico Gerência de Projeto

O relacionamento entre as disciplinas de melhoria de processo e gerência de projeto representa uma grande oportunidade para a melhoria necessária e viável das organizações de desenvolvimento de software.

Estrutura

Tanto para o CMMI como para o CMM, a implantação de processos de qualidade em empresa segue um amadurecimento gradativo em patamares de cinco níveis de maturidade, que determina qual é a capacitação do processo e a maturidade que a organização possui para desenvolver software: nível inicial, repetível, definido, gerenciado e otimizado.

O nível 2 é o primeiro degrau a ser galgado. Sua implantação consiste, basicamente, em mecanismos de gerenciamento de projeto e deve trazer, para a alta administração, uma expectativa de cumprimento das metas de esforço, prazo e custo.

É importante observar que "o maior desafio que as organizações enfrentam para alcançar este nível de maturidade, está relacionado com a **mudança cultural** e não com a implantação dos novos processos propriamente dito. Implementar mudanças no meio do projeto, sem que os novos processos estejam estáveis e sem que já tenha havido na organização uma sensibilização e comprometimento por parte da alta direção e do corpo gerencial, pode ser muito arriscado e comprometer o sucesso do projeto".

No nível 3 a empresa adquire à visão de que o processo de desenvolvimento de software é um patrimônio da organização e, portanto, deve ser estudado, aperfeiçoado e melhorado. Sua implementação na empresa deve criar um processo de desenvolvimento bem definido no qual todo projeto é derivado de uma sistemática da organização.

Existe também uma preocupação com **a institucionalização**, ou seja, garantia de que o processo é disseminado, compreendido e praticado por todos em caráter permanente. O conhecimento adquirido passa a ser da organização e não das pessoas que nela atuam. Cabe salientar aqui que estes dois níveis, ou seja, nível 2 e nível 3 são os que trazem maior retorno imediato e são os que estabelecem quase total correspondência com as cláusulas do conjunto de normas **ISO9000** quando aplicadas ao software.

O nível 4 traz para a empresa o conceito de gerenciamento quantitativo, ou seja, todas as decisões referentes ao gerenciamento do projeto de desenvolvimento devem ser feitas em bases quantitativas, através da consulta à base de dados do processo. Nessa base de dados estão armazenadas as informações sobre comportamento do processo em projetos realizados anteriormente, dando subsídios aos gerentes para tomarem decisões mais precisas.

No nível 5, a empresa obtém o conceito de melhoria contínua, permitindo a introdução de novas tecnologias e aperfeiçoamento no processo de desenvolvimento sem causar impactos nos produtos criados.

Outro aspecto relevante a colocar é que embora o CMMI e o CMM tenham sido concebidos, primeiramente, para grandes projetos em organizações, nada impede, a adoção de seus princípios também por pequenas empresas, assim como pequenos projetos, mediante um trabalho cuidadoso de interpretação e adequação à realidade da empresa. Essa adequação foi prevista na própria concepção do modelo, conforme descrito nos relatórios técnicos do SEI. Para obter mais detalhes a esse respeito, visite o site http://www.sei.cmu.edu.

"Para que a indústria de software contribua de forma construtiva para a sociedade, precisamos aprender a entregar produtos com qualidade, no prazo estabelecido e com os custos planejados.

E isto não é impossível. Outras indústrias, à medida em que amadureceram, atingiram este nível de desempenho.

Não há razão para que isto não seja possível para o software.

As questões-chaves são:

(i) qual é a atual cultura de software?

(ii) quais são os problemas causados por esta cultura?

(iii) como deve ser a nova cultura?

(iv) como podemos chegar lá"

Watts S. Humphrey

Impactos Gerenciais e Organizacionais

A implantação do CMMI/CMM, conforme já mencionado, é um processo a longo prazo, pois envolve aspectos de mudança cultural dentro da empresa que o adota. Essa nova abordagem traz transparência ao processo de desenvolvimento e cria mecanismos que apontam claramente onde estão as falhas. Isso pode trazer rejeição por parte das pessoas envolvidas, especificamente da média gerência.

A alta administração possui um papel fundamental nesse processo, pois além da aprovação do projeto em si, deve mostrar uma postura clara de patrocinador, demonstrando interesse no seu andamento e cobrando responsabilidade quando necessário. Uma implantação de sucesso depende de um bom planejamento, especialmente nos aspectos relativos às pessoas, que devem estar envolvidas com os novos desafios e comprometidas com as mudanças. Para tanto, são necessários campanhas de esclarecimentos, treinamentos e participação efetiva nos novos processos.

A grande ameaça à implantação de um projeto do porte do CMMI é o dia-a-dia da empresa, que absorve praticamente todos os recursos existentes. Sendo esse um projeto interno, de longo prazo e com resultados também de longo prazo, há uma tendência à acomodação, fazendo com que as atividades sejam proteladas por diversas vezes, até a desistência.

10 CMMI ♦ Integração dos Modelos de Capacitação e Maturidade de Sistemas

O sucesso da implantação vai, portanto, depender da perseverança do responsável pelo projeto (coach) que deverá sempre estar cobrando resultados, levantando o ânimo da equipe de trabalho, juntamente com a alta administração, que terá que demonstrar real interesse pelo projeto. Salienta-se que a implantação do CMMI exigirá um investimento importante dos envolvidos para conceber um processo inteligente que venha a impulsionar o negócio, facilitar a vida dos envolvidos e não criar burocracia, somente para atender aos quesitos descritos no modelo.

Conclusões

Nenhum dos esforços empreendidos utilizando-se CMM como modelo de referência se perde quando da eventual migração para o CMMI: "O CMMI engloba todos os conceitos do CMM, sendo que a familiaridade adquirida com este último facilita, e muito, a adoção de novos modelos".

Ao contrário do que ocorre quando um modelo é atualizado com um novo release, onde necessariamente a nova versão substitui a anterior (exemplo, a versão 1.1 do CMM substituiu a versão 1.0), o CMMI não se caracteriza como um release da versão atual do CMM. No entanto, o CMM ainda não "morreu" e a opção de adoção ou migração para o CMMI irá depender de uma decisão estratégica da organização, que deverá levar em conta o estágio em que se encontra a implantação das melhorias, o impacto das mudanças, o seu modelo de negócio, o contexto em que a mesma está inserida, a realização de "benchmarking", o movimento da concorrência, dos clientes dentre outros fatores, e não simplesmente ter por base uma análise simplista de um cenário ou modismo apregoado por empresas ou consultores que possuem visíveis interesses comerciais.

Não só por estes motivos, mas também devido ao fator didático, que implica em facilidade de aprendizado; fizemos a opção de desenvolver, nesse livro, uma narrativa enfatizando o diferencial de competitividade que motivou a migração do CMM para o CMMI, assim como, os conceitos específicos dos dois modelos.

Ainda em relação à proposta do nosso livro, podemos acrescentar que não pretendemos impor uma metodologia CMMI simplesmente porque, não existe. Muito menos uma "receita de bolo" para implementar um bom processo de desenvolvimento e manutenção. Propomos, isto sim, as diretrizes que um processo de desenvolvimento deve ter.

É importante ter consciência de que, para a sua implementação e institucionalização, faz-se necessário entender como funciona a organização, identificar o que precisa ser modificado, adicionado e principalmente ter em mente a importância de documentar os procedimentos e formas de implementar as diversas práticas.

Importância do Conhecimento do Processo Atual

Antes de qualquer mudança, é necessário conhecer o *status* atual:

"Se você não sabe para onde está indo, qualquer estrada servirá" (provérbio chinês)

"Se você não sabe onde está, um mapa não o ajudará" (Humphrey)

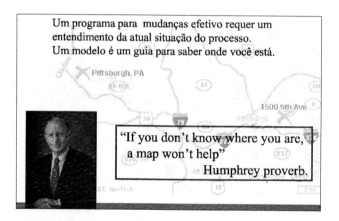

Como informação suplementar à contida nesta documentação, estamos desenvolvendo um site, onde o leitor poderá obter informações e material complementar relacionado a este trabalho.

Entre os recursos que poderão ser encontrados no site destacamos:
- Resoluções de alguns exercícios propostos;
- Apresentações baseadas no conteúdo dos assuntos aqui abordados.

Além disso, o site conterá também endereços de outros sites interessantes sobre CMMI. Seguindo a natureza dinâmica da Internet, o conteúdo será modificado de tempos em tempos. O leitor poderá também utilizá-lo para entrar em contato com o autor deste trabalho, com o objetivo de trocar idéias sobre este assunto.

Convite ao Leitor

No momento, o contato com o autor poderá ser feito através do e-mail aprendendocmmiecmm@yahoo.com.br.

Finalmente, o leitor está convidado a prosseguir pelo restante dessa obra. Espero que as informações contidas aqui o ajudem de alguma forma e que a leitura seja a mais agradável possível.

Conceitos Importantes

O que é o CMM®

Capability Maturity Model
- Modelo de gestão da qualidade aplicável aos processo de desenvolvimento de software
- Descreve elementos chave para um processo eficaz e o caminho evolutivo para um processo maduro e disciplinado.
- Busca da melhoria contínua, aprimorando a habilidade da organização para atender aos objetivos de custo, prazo, funcionalidade e qualidade do produto

Capability Maturity Model
- Estrutura e elementos chave - Processo de software eficaz
- Caminho evolutivo até um processo maduro e disciplinado
- Aplicação do TQM

O que é o CMMI?
Capability Maturity Model Integration

- Modelo de Integração da Maturidade da Capacidade (de desenvolver projetos de Sistemas)
- O propósito do CMMI é estabelecer um guia para melhorar o processo da organização e sua capacidade para gerenciar o desenvolvimento, aquisição e manutenção de produtos ou serviços

O que é o CMMI?
Capability Maturity Model Integration

- O uso de múltiplos modelos em uma organização demonstrou ser problemático. O CMMI propõe-se a solucionar este problema.
- O CMMI é, na verdade, um conjunto de modelos que podem ser utilizados simultaneamente.
- É necessário escolher sua representação (contínuo ou estagiado) e o corpo de conhecimento.

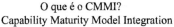

O que é o CMMI?

- CMMI estabelece um guia para ser utilizado no desenvolvimento de processo.
- Os modelos CMMI não são processos nem descrições de processos
- O processo real de uma organização depende do domínio da aplicação, estrutura e tamanho.

O que o CMMI não cobre

- O CMMI não aborda todos os processos de projeto e todas as questões ligadas à qualidade.
- Questões que são abordadas indiretamente ou por consequência, incluem:
    ◆ ferramentas específicas, métodos e tecnologia
    ◆ engenharia concorrente e trabalho em equipe
    ◆ marketing
    ◆ recursos humanos
    ◆ comportamento organizacional

CMMI - representações

Bloco básico do CMMI
Área de Processo: aspectos chave de processos
Representações
- contínua
- por estágio

As informações de cada representação são virtualmente idênticas

CMMI - contínuo

- Áreas de processo
  - metas genéricas
    - práticas genéricas
  - metas específicas
    - práticas específicas

Níveis de capacidade

Abordagem da Visão por Processo

➤ Maiores problemas das organizações de software são gerenciais e não técnicos;

➤ Os princípios de qualidade se aplicam a software;

➤ Benefícios de melhores equipamentos e ferramentas não podem ser devidamente alcançados em ambientes caóticos;

➤ Mesmo em organizações indisciplinadas, alguns projetos podem obter sucesso, geralmente devido ao esforço heróico da equipe.

Cultura Organizacional ⇨
Fatores externos e internos irão auxiliar a estabelecer seu processo

Fatores Externos	Institucionalização e infraestrutura	Fatores Internos
• Necessidades dos clientes.	• Políticas.	• Pessoas
• Mudanças de tecnologia.	• Padrões / Normas.	• Sponsors.
• Competição.	• Procedimentos.	• Competência.
• Governo / economia.	• Treinamento.	• Habilidades.
	• Supervisão.	• Conhecimento.
	• Análises Críticas.	• Ferramentas.
	• Auditorias.	

2

Qual é o Melhor Modelo para a Nossa Empresa? *

O texto que se segue é uma tradução livre de SEI CMMI Product Team (2002a).

A seleção do modelo depende da(s) disciplina(s) relevante(s) para a organização dentro de seu escopo de atuação. Se a organização está preocupada exclusivamente com as atividades de Engenharia de Software ou com as atividades de Engenharia de Sistema, então, os modelos apropriados são CMMI-SW e CMMI-SE respectivamente. No entanto, se a organização está preocupada com ambos os sistemas, usar um modelo combinado CMMI-SW/SE será mais apropriado, já que irá encorajar a melhoria de práticas integradas, reduzindo repetições e problemas administrativos que são comuns quando se usa mais de um modelo.

Se a organização emprega o desenvolvimento de produto e processo integrado em suas atividades, um modelo que inclua IPPD será mais apropriado. E se a organização está preocupada com seus fornecedores, um modelo que inclua desenvolvimento com sub-contratação (SS – Supplier Sourcing) será o mais apropriado.

A organização deve decidir qual modelo melhor se adapta às suas necessidades. Deve-se selecionar uma representação, contínua ou em estágio, e determinar as disciplinas a serem incluídas no modelo que a organização irá usar.

Escolha do modelo
Alinhamento c/ Estratégia
Software ⇨ como parte do projeto, processo e serviços
Software ⇨ afetam custo, qualidade, *time to market*

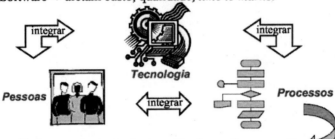

Enfoque e abrangência da melhoria contínua e gestão de custos, recursos e prazos de atendimento

Comparando os Modelos

Os modelos CMMI-SW e CMMI-SE/SW são os mesmos, exceto pelas particularidades da disciplina Engenharia de Software existentes no segundo modelo.

Comparado com o CMMI-SE/SW o modelo CMMI-SE/SW/IPPD possui as seguintes diferenças:
- Duas áreas de processo adicionais que cobrem o DIPP (Ambiente Organizacional para Integração e Equipe de Integração);
- Uma versão melhorada da área de processo do Gerenciamento Integrado do Projeto que contem práticas para o DIPP;
- Amplificações em algumas áreas de processo do SE/SW que falam sobre assuntos do DIPP.

Comparado com o CMMI-SE/SW/IPPD o modelo CMMI-SE/SW/SS possui as seguintes diferenças:
- Uma área de processo a mais cobrindo as melhores práticas de Gerenciamento de Fornecedores;
- Amplificações em algumas áreas de processo do SE/SW e do SE/SW/IPPD que falam sobre Gerenciamento de Fornecedores;
- Material informativo para ajudar na interpretação do modelo para o uso em atividades de Gerenciamento de Fornecedores.

3

O Porquê da Adoção do CMMI para as Empresas

Os produtos de software concorrem num mercado mundial aberto: não há barreiras ou restrições formais ou legais para a aquisição de produtos e serviços de software provenientes de qualquer país.

Há forte demanda dos produtos em todos os setores da economia, mas a oferta é também ampla, e a concorrência acirrada.

O número de empresas de software cresce em escala fatorial; as tecnologias são facilmente acessíveis, os preços caem, a capacidade criativa de prover soluções é quase ilimitada e o *time-to-market* já se conta em semanas.

A pergunta que surge imediatamente é: quais são as diferenças competitivas ou, o que encanta e convence o cliente? A resposta é sintética, mas complexa: a confiança de ter uma solução eficaz, enquanto necessária.

O cliente, ao adquirir um produto de software, deseja ver suas necessidades e expectativas atendidas, entregues no prazo acordado, sem custos adicionais, sem sustos e percalços. E espera contar com suporte ao longo de todo ciclo de vida.

Não basta custo baixo. Há que mostrar competência para entregar e suportar esse produto dentro dos níveis de serviço especificados.

As empresas estão hoje solicitadas/exigidas a mostrar sua competência técnica, operacional e gerencial, o que requer delas a demonstração de controle sobre seus processos operacionais, tanto os internos, quanto os atinentes às relações externas, especialmente com clientes e fornecedores (parceiros tecnológicos, fornecedores de serviços e financeiros).

Organismos e entidades de padronização vem desenvolvendo, em âmbito internacional, normas e modelos que visam assegurar e dar visibilidade à robustez dos processos relativos aos softwares.

Dentre os modelos em uso, destaca-se, pela respeitabilidade e amplitude de aceitação, a série CMMI. A adoção do modelo CMMI é correntemente uma exigência e um passaporte para comercialização de produtos e soluções software.

A crescente indústria brasileira de software, com reconhecida capacidade de criação, necessita estar apta a demonstrar a maturidade de seus processos *para atender as necessidades de satisfação do cliente*, assim como estar em condição de competir em pé de igualdade nos mercados nacionais e internacionais.

É com o esta visão que as empresas, tanto na esfera governamental quanto no setor privado, têm dado início a projetos que visam preparar a empresa para submeter-se com sucesso à avaliação oficial do SEI para o modelo CMMI-SW, abrindo-lhes as portas para uma eventual necessidade de competir no mercado internacional.

O programa elaborado poderá conter todos os passos previstos pelo modelo CMMI-SW ou reduzi-los mediante a adoção do Modelo de Processo do Software Brasileiro (mpsBr) que será detalhado adiante.

Para Fixar Idéias

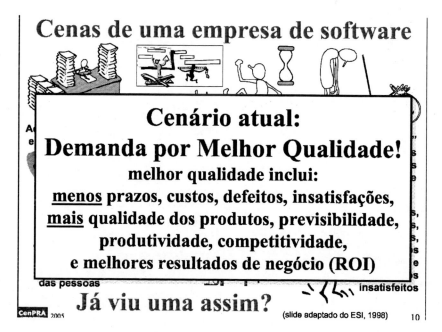

Processo de Software

É o que <u>as pessoas fazem</u>,
utilizando métodos, ferramentas, etc.,
para adquirir, desenvolver, manter e melhorar
software e produtos associados

Melhoria busca processos:

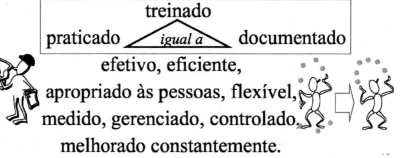

praticado — *igual a* — documentado
treinado
efetivo, eficiente,
apropriado às pessoas, flexível,
medido, gerenciado, controlado,
melhorado constantemente.

Foco do Trabalho

Melhoria de uma organização intensiva em software, para melhores resultados de negócio

por meio da

avaliado por:
resultados e
níveis de capacidade
e maturidade

MPS: Melhoria de Processo de Software
(ou EPS: Engenharia de Processo de Software)

guiado por

Modelos de Capacidade de Processo:
a) CMMI-SE/SW
b) MR-MPS
c) ISO/IEC 15504-5
d) outros ...

Níveis de capacidade ISO/IEC 15504:

Escala para pontuação de avaliação, e roteiro racional para melhoria de processo, ...

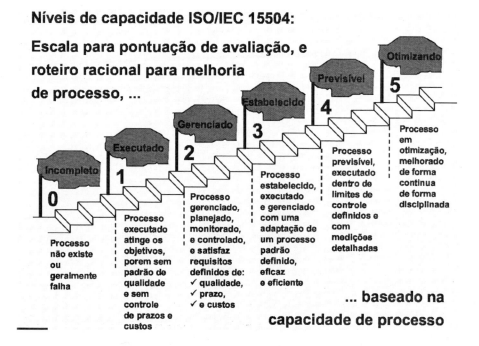

... baseado na capacidade de processo

Capability Maturity Model Integration

Nome de um projeto, de um framework de modelos e dos modelos deste framework

- Evolução e integração do SW-CMM e outros
- Modelos para avaliação e melhoria de processo
- Desenvolvido pelo *Software Engineering Institute*
- Versões 1.1 de 4 modelos lançadas em 2002
- Cada modelo disponível em duas representações:
  - Estágio: Níveis de Maturidade com Áreas de Processo
  - Contínua: Áreas de Processos e Níveis de Capacidade

4

Estado da Prática no Brasil e no Mundo – Gráficos e Estatísticas

Cenário no Brasil

O PROCESSO DE AVALIAÇÃO NO BRASIL

No último relatório do SEI/CMU, publicado em setembro de 2005 com dados até junho do mesmo ano, o Brasil encontra-se em 14º lugar dentre os países com maior número de avaliações **CMM** realizadas por esse instituto (após ter permanecido na 13ª posição desde dezembro de 2001), sendo o único país da América Sul que aparece com mais de 20 avaliações (29); Chile possui 20 avaliações; Argentina, Colômbia, Peru, Uruguai e Venezuela aparecem com menos de 10 avaliações.

Com relação a avaliações **CMMI**, o Brasil encontra-se em 11º lugar, possuindo 10 avaliações realizadas pelo SEI. Argentina, Chile, e Colômbia contam com menos de 10 avaliações. A Integrated System Diagnostics Brasil – I S D Brasil *[www.isdbrasil.com.br],* subsidiária da norte-americana ISD Inc, conta com as credenciais do SEI para efetuar avaliações oficiais e com profissionais autorizados a conduzir avaliações de processos com resultados reconhecidos. Há também empresas no Brasil qualificadas por entidades localizadas nos Estados Unidos: Liveware; Synchro e Trimentus Techonologies.

Organizações com Qualificação CMM no Brasil – 1997-2006

Organizações com Qualificação CMM no Brasil – 1997-2006[1]

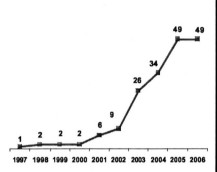

Desde	Nível Atual				No ano	Até o ano
	2	3	4	5		
1997		1			1	1
1998	1				1	2
1999						2
2000						2
2001		4			4	6
2002	3				3	9
2003	16		1		17	26
2004	6	2			8	34
2005	14	1			15	49
TOTAL	40	8	1		49	

Fontes: ISD Brasil, Procesix, empresas qualificadas e imprensa especializada, compilado por MCT/SEPIN/DIA.
[1] Situação em agosto/2006

Organizações com Qualificação CMMI no Brasil – 1997-2006[1]

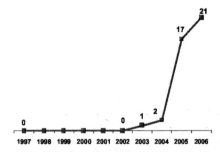

Desde	Nível Atual				No ano	Até o ano
	2	3	4	5		
2003		1			1	1
2004			1		1	2
2005	11	2		2	15	17
2006		1		3	4	21
TOTAL	11	4		6	21	

Fontes: ISD Brasil, Procesix, empresas qualificadas e imprensa especializada, compilado por MCT/SEPIN/DIA.
[1] Situação em agosto/2006

Estado da Prática no Brasil e no Mundo

ORGANIZAÇÕES COM QUALIFICAÇÃO CMM NO BRASIL – 1997-2006

Qualificação CMM no Brasil

Organizações brasileiras avaliadas de maneira oficial

Situação em agosto/2006

Seq	Organizações		UF	Avaliação	
				Data	Entidade
	CMM - Nível 2				
1	Alstom Transportes		SP	jun/02	ISD
2	AMS Tecnologia		SP	ago/04	ISD
3	Atech Tecnologias Críticas		SP	set/03	ISD
4	Atos Origin		SP	jun/04	ISD
5	BSI Tecnologia		SP	mai/04	ISD
6			PR		
7	C.E.S.A.R		PE	jun/03	ISD
8	Citibank			jun/03	... (1)
9	CPM		SP	... /05	ISD
10	CPqD		SP	mai/03	ISD
11	Credicard		SP	1998	ISD
12	CTIS		DF	... /05	ISD
13	Dell		RS	fev/03	ISD
14	Disoft		SP	abr/03	Procesix
15	DRM		SP	... /05	ISD
16	DTS Latin America		SP	dez/03	Procesix
17	e-Dablio		RJ	abr/03	ISD
18	FITec		PE	abr/05	ISD
19	G&P – Gennari & Peartree		SP	nov/03	ISD
20	Getronics		SP	set/05	Procesix
21	HP	Operação de Software	RS	set/03	ISD
22		R&D		... /05	
23	Inatel		MG	fev/03	ISD
24	Infoserver		SP	dez/04	ISD
25	Instituto Atlântico		CE	out/03	ISD
26	Itaú		SP	... /05	ISD
27	Logocenter		SC	set/05	ISD
28	M.I. Montreal Informática		RJ	fev/04	Procesix
29	Nec do Brasil		SP	abr/03	ISD
30	Prime Informática		SP	jan/05	Procesix
31	Procwork		SP	nov /05	ISD
32	Santander Banespa		SP	... /05	ISD
33	SERPRO	Brasília	DF	dez/03	Procesix
34		Fortaleza	CE	out/03	Procesix
35		Recife	PE	nov/02	ISD
36		Salvador	BA	out/03	Procesix
37	Spress Informática S/A		MG	abr/05	ISD
38	Tele Design		SP	set/02	ISD
39	T-Systems		SP	... /05	ISD
40	Unitech		BA	jan/05	ISD

(continua)

26   CMMI ♦ Integração dos Modelos de Capacitação e Maturidade de Sistemas

Qualificação CMM no Brasil

Organizações brasileiras avaliadas de maneira oficial

(continuação)

Seq	Organizações		UF	Avaliação	
				Data	Entidade
CMM - Nível 3					
1	Accenture Delivery Center São Paulo		SP	nov/04	Procesix
2	CI&T Software		SP	mar/04	Synchro PP&T
3	DBA Engenharia de Sistemas		RJ	jul/01	ISD
4	EDS São Paulo Solution Center		SP	ago/01	... (1)
5	Ericsson do Brasil		SP	mar/01	... (1)
6	Motorola		SP	dez/01	ISD
7	Politec	São Paulo	SP	mar/05	ISD
8	Xerox do Brasil – CDSV (desativada em janeiro/05)		ES	dez/97	ISD
CMM - Nível 4					
1	EDS Rio de Janeiro Solution Center		RJ	dez/03	... (1)

Fontes: ISD Brasil, Procesix, empresas qualificadas e imprensa especializada, compilado por MCT/SEPIN/DIA
(1) Fonte: Gazeta Mercantil, fev/04

Qualificação CMMI no Brasil

Organizações brasileiras avaliadas de maneira oficial

Situação em agosto/2006

Seq	Organizações	UF	Avaliação	
			Data	Entidade
CMMI - Nível 2				
1	7COMm	SP	set/05	Synchro PP&T
2	BKM Sistemas	MG	ago/05	ESICenter
3	CPM	SP	... /05	ISD
4		SC		
5	General Motors	SP	... /05	ISD
6	Matera Systems	SP	... /05	ISD
7	Microsiga Software	SP	mai/05	Procesix
8	MSA-INFOR	MG	ago/05	ESICenter
9	MSA-Service	MG	ago/05	ESICenter
10	Relacional Consultoria	RJ	mar/05	Liveware
11	TSE	DF	dez/05	Liveware
CMMI - Nível 3				
1	Accenture Delivery Center São Paulo	SP	mai/05	Procesix
2	BL Informática	RJ	jul/2006	Liveware
3	IBM Fábrica de Software	SP	jan/03	ISD
4	Instituto de Pesquisas Eldorado	SP	set/05	Synchro PP&T
CMMI - Nível 5				
1	BRQ Soluções em Informática	RJ	mai/06	Trimentus Techonologies
2		SP		
3	IBM	RJ	mar/05	ISD
4	Politec	DF	fev/06	Trimentus Technologies
5	Stefanini	SP	dez/05	Procesix
6	Tata Consultancy Services do Brasil	DF	jun/04	SEI Lead Assessor

Fontes: ISD Brasil, Procesix, empresas qualificadas e imprensa especializada, compilado por MCT/SEPIN/DIA
(1) Fonte: SiMPROS 2005

Estado da Prática – Brasil

Categorias	12207	9000	CMM	SPICE
	%	%	%	%
Conhece e usa	3,9	19,4	3,9	1
Conhece e começa a usar	8,3	14,8	17,1	3,2
Conhece, mas não usa	55,1	52,4	53,7	56,7
Não conhece	32,7	13,4	25,3	39,1

Conhecimento e uso das normas e padrões em 2001 (Fonte: MCT, 2001).

Estado da Prática – Brasil

Categorias	%
ISO 9000	15,4
CMM	1,8
Normas Próprias	10,4
Outros	1,8
Não exige	72,0

Exigência de Padrões de Qualidade de Terceiros em 2001 (Fonte: MCT, 2001)

Estado da Prática – Brasil

Porte das Organizações	%
Micro (de 1 a 9 pessoas)	24,1
Pequeno (de 10 a 49 pessoas)	37,4
Média (de 50 a 99 pessoas)	11,3
Grande (100 ou mais pessoas)	27,2

Porte das Organizações, segundo força de trabalho em dez/2000 (Fonte: MCT, 2001)

28 CMMI ♦ Integração dos Modelos de Capacitação e Maturidade de Sistemas

OUTRAS NOTÍCIAS

Cenário Brasileiro *versus* o Cenário Mundial

Uma Visão do Cenário Brasil	Cenário Mundial
Oportunidade Utilização da melhoria de processo baseada em modelos (CMM, ISO/IEC 15504, CMMI, ...) para melhoria dos resultados de negócio e competitividade das empresas de software **Urgência** Fortalecimento e alinhamento das ações de melhori **Movimento** Já existem várias iniciativas e resultados alcançados **Riscos** utilização inadequada dos modelos, incluindo "certificação pela certificação"	Consolidação da **melhoria de processo** baseada em modelos e alinhamento com objetivos de negócio como eficiente e eficaz para melhoria da competitividade das empresas de software **Evolução** dos modelos de processo e das abordagens para melhoria

CENÁRIO MUNDIAL

INFORMAÇÕES REFERENTES AO PRIMEIRO TRIMESTRE DE 2003 FORNECIDAS PELA SEI

SW-CMM: 2.616 avaliações (apraisals) realizadas em 51 países e reportadas ao SEI:

EUA (1.671), Índia (238), Reino Unido (119), França (110), Japão (77), China (73), Canadá (59), Alemanha (30), Israel (28), Austrália (27), Itália (26), Coréia (22), Cingapura (17), Brasil (16).

CMMI: 71 avaliações (appraisals) reportados em 11 países e reportadas ao SEI:

EUA (34), Japão (13), Austrália (8), França (4), Índia (4), Reino Unido (2), Taiwan (2), Dinamarca (1), Rússia (1), Coréia do Sul (1), Suíça (1).

Até o final do ano de 2005, o CMM dará lugar ao CMMI, ou seja, o que irá interessar as empressas é a certificação CMMI.

No Brasil existem empresas que possuem os certificados CMMI, segue alguns exemplos:

- IBM – Brasil – CMMI nível 3
- EDS – São Paulo – CMMI nível 3
- EDS – Rio de Janeiro – CMMI nível 4, já em avaliação para nível 5.

CMM

- Conduzidas de 1987 até Dezembro de 2004 e reportadas ao SEI até Janeiro de 2005
  - 3590 Appraisals
    - 3042 CBA IPIs
    - 484 SPAs
    - 64 SCAMPIs
  - 2746 Organizações
  - 1036 Companhias
  - 15128 Projetos

- 60 países

CMMI

- Conduzidas de Abril de 2002 até Dezembro de 2004 e reportadas ao SEI até Janeiro de 2005
  - 630 Appraisals
  - 567 Organizações
  - 298 Empresas
  - 2339 Projetos

- 36 países

Perfil de Maturidade das Organizações
CMM, Agosto 2002 [1998 a 2002, 1124 Orgs.]

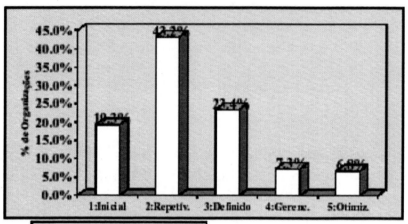

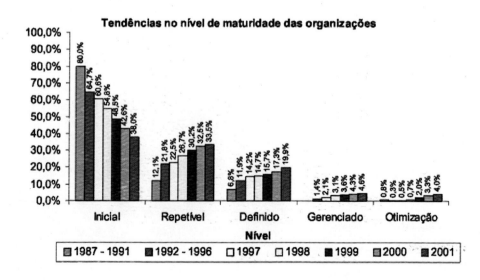

Dados sobre CMM no mundo

- Primeiro trimestre de 2003

- **SW-CMM**: 2616 appraisals realizados em 51 países e reportados ao SEI
  EUA (1671), Índia (238), Reino Unido (119), França (110), Japão (77), China (73), Canadá (59), Alemanha (30), Israel (28), Austrália (27), Itália (26), Coréia (22), Singapura (17), Brasil (16), etc.

- **CMMI** : 71 appraisals reportados em 11 países e reportados ao SEI
  EUA (34), Japão (13), Austrália (8), França (4), Índia (4), Reino Unido (2), Taiwan (2), Dinamarca (1), Rússia (1), Coréia do Sul (1), Suíça (1).

CMM - Conhecimento e aplicação

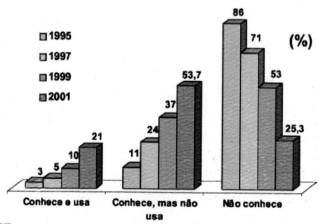

Fonte - MCT
Base: 415 empresas (2001)

32   CMMI ♦ Integração dos Modelos de Capacitação e Maturidade de Sistemas

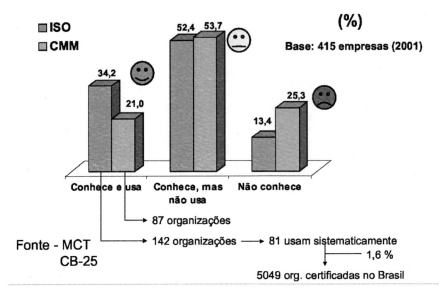

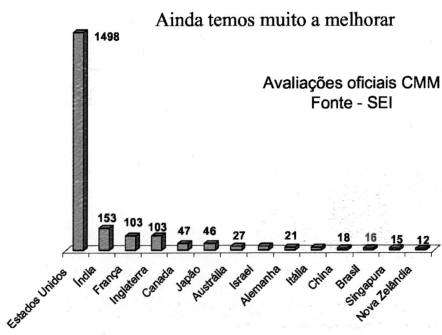

Países onde já ocorreram avaliações oficiais e que foram relatados ao SE

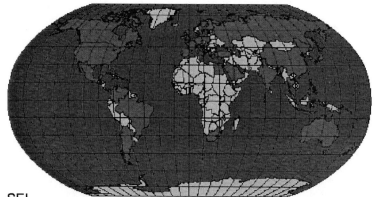

Fonte - SEI

Argentina	Australia	Austria	Barbados	Belgium	Brazil	Canada	Chile
China	Colombia	Denmark	Egypt	Finland	France	Germany	Greece
Hong Kong	Hungary	India	Ireland	Israel	Italy	Japan	Korea, Republic of
Malaysia	Mexico	Netherlands	New Zealand	Philippines	Poland	Portugal	Puerto Rico
Russia	Saudi Arabia	Singapore	South Africa	Spain	Sweden	Switzerland	Taiwan
Thailand	Turkey	United Kingdom	United States	Venezuela			

CMM - Resultados
Não espere resultados rápidos

Based on 2325 assessments - 1725 organizations.

CMM - Resultados
Não espere resultados rápidos

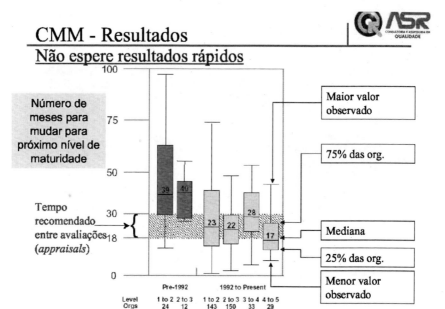

Dados e Resultados

Algumas organizações Nível 5 -- Total 51

http://www.sei.cmu.edu/sema/published.ml.html

Boeing (5)
CBS India Software Comp.
Smith Software Ltd. India
Citicorp Overseas India
Cognizant Tech. - Nasdaq
CSC -Comp. Science Corp.(2)
HP - India
IBM (3)
Infosys
Intelligroup - Asia

Litton
Lockheed Martin (4)
Motorola India (3)
Network Sys. & Tech.
Raytheon Systems
Tata (4)
TCS - Tel. Consul Serv.(7)
Telcordia
Wipro Infotech

(X) número X de "sites" do grupo com nível 5

Estado da Prática no Brasil e no Mundo **35**

Dados e Resultados

Categoria	Variação	Mediana
Ganho de Produtividade/ano	9% ~ 67%	35%
Time to Market (redução/ano)	15% ~ 23%	
Defeitos após introdução da versão (redução /ano)	10% ~ 94%	39%
Ganhos do negócio	4.0 ~ 8.8:1	5.0:1

Resultados de Desempenho com o SPI

Você considera que o SPI acarreta estes problemas na organização ?

Questão	Discorda ou Discorda Totalmente
SPI é anti-produtivo	96%
Abandono dos assuntos não ligados ao CMM	90%
Se torna mais rígido e burocrático	84%

Dados e Resultados

Número de avaliações relatadas - por Tipo de Organização e Ano.

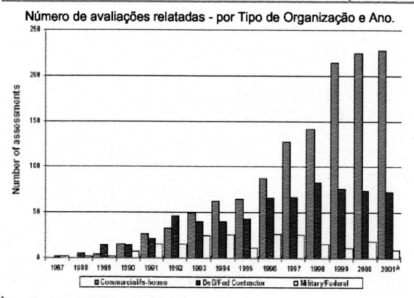

Based on 2164 assessments.

5

O Que Esperar da Implantação de um Modelo CMMI

Os modelos CMMI têm origem nos modelos de maturidade e capacitação CMM's, sendo assim, espera-se que seus benefícios para uma organização sejam no mínimo os mesmos que os modelos CMM's. Há um grande número de empresas, especialmente nos Estados Unidos, que os utilizam como balizadores para a melhoria do processo. Relatórios apontam que para cada dólar investido em melhoria de processo obtêm-se cinco dólares de retorno. Porém sua implantação é um processo a longo prazo que exige de todos na empresa uma compreensão de seus princípios, e especificamente, interesse e apoio efetivo da alta administração.

Controle do Processo Estatístico

Muitas características dos Níveis 4 e 5 são baseadas em conceitos de controle de processo estatístico, como exemplificado na Figura 5.1, onde o diagrama ilustra os objetivos básicos da gestão de processos.

A gestão da qualidade divide-se em três processos gerenciais básicos. O propósito do planejamento da qualidade é fornecer às forças operacionais, isto é, oferecer condições aos desenvolvedores para desenvolver produtos que vão de encontro às necessidades do cliente.

Os desenvolvedores desenvolvem o produto, mas existe a necessidade de algum re-trabalho devido às deficiências de qualidade. Este custo é crônico devido ao planejamento do projeto ter sido feito dessa forma.

O controle de qualidade é realizado para prevenir e evitar que as coisas fiquem ainda piores. Os picos esporádicos dentro do processo, como ilustrado na Figura a seguir, representam atividades conhecidas como "apagar incêndios".

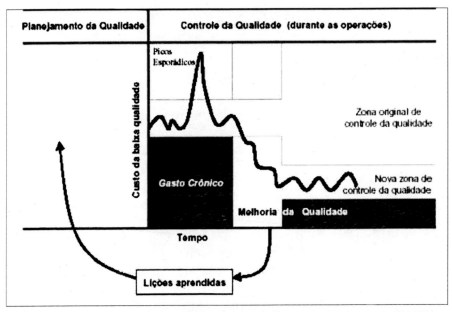

Figura 5.1 – *Diagrama da Trilogia de Juran conforme Gonçalves & Boas (2002b).*

O foco do nível 4 é o controle do processo. O processo é gerenciado, operando de forma estável dentro da zona de controle de qualidade. Esse é o ponto onde o conceito de controle de causas especiais de desvio se aplica. Uma vez que o processo é estável e medido, quando ocorre alguma circunstância excepcional, a "causa especial" do desvio pode ser identificada e tratada.

O foco do nível 5 é a melhoria contínua do processo. O processo é alterado para melhorar a qualidade e conseqüentemente a zona de controle de qualidade move-se. Este é o ponto onde o conceito de tratamento de causas comuns de desvios se apresenta. Existe custo crônico em qualquer sistema, na forma de retrabalho, simplesmente devido aos desvios aleatórios. Custos adicionais são inaceitáveis; os esforços organizados para eliminá-los resultam na alteração do sistema, isto é, na melhoria do processo através de alteração das "causas comuns" de ineficiência. Conhecimentos adquiridos com a melhoria de processos são aplicados no planejamento de processo futuros.

É previsto que as organizações que alcançam os níveis de maturidade mais elevados possuam um processo capaz de produzir produtos extremamente confiáveis dentro de limites de custo e de cronograma previsíveis. À medida que cresce o entendimento dos níveis de maturidade mais elevados, as áreas de processo existentes vão sendo redefinidas e outras ainda podem ser adicionadas ao modelo.

Visibilidade Interna do Projeto

A Figura abaixo ilustra o nível de visibilidade interna do desempenho do projeto alcançado em cada nível de maturidade do processo.

No nível 1, o processo é uma caixa preta e a visibilidade interna dos processos do projeto é limitada. Uma vez que a preparação das atividades é definida de forma precária, os gerentes passam por fases extremamente difíceis para estabelecer a situação do progresso e das atividades do projeto. Os requisitos fluem no interior do processo de uma forma descontrolada e surge o produto.

No nível 2, os requisitos do cliente e os produtos de trabalho são controlados, uma vez que as práticas básicas de gestão de projeto estão estabelecidas. Esse controle da gestão possibilita a visibilidade interna do projeto em momentos

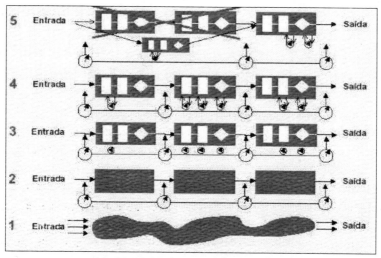

Figura 5.2 – *Visibilidade da Gerência dentro dos Processos em cada Nível*

40 CMMI ♦ Integração dos Modelos de Capacitação e Maturidade de Sistemas

definidos. O processo de desenvolvimento do produto pode ser visualizado como uma sucessão de caixas pretas, permitindo a visibilidade da gestão nos pontos de transição como fluxos de atividades entre as caixas. Mesmo que a gerência não conheça detalhes do que está acontecendo dentro da caixa, os produtos e os pontos de verificação dos processos são identificados e conhecidos, através dos quais pode-se confirmar que o processo está funcionando. A gerência reage aos problemas quando os mesmos ocorrem.

No nível 3, a estrutura interna da caixa, isto é, a tarefa dentro do processo definido, é visível. Essa estrutura representa a maneira como o processo padrão é aplicado aos projetos específicos. A gerência se prepara para os riscos que possam surgir. As pessoas que não participam diretamente do projeto podem obter uma atualização rápida e precisa sobre a situação do mesmo porque os processos definidos permitem grande visibilidade dentro das atividades do projeto.

No nível 4, os processos definidos são instrumentalizados e controlados quantitativamente. Os gerentes são capazes de medir os progressos e os problemas. Eles possuem bases objetivas e quantitativas para tomada de decisão.

No nível 5, maneiras novas e aprimoradas de desenvolvimento são continuamente experimentadas, de uma forma controlada, para melhorar a produtividade e a qualidade. A percepção se estende além dos processos. Os gerentes são capazes de estimar e acompanhar quantitativamente o impacto e a eficiência da mudança.

Evolução do processo – por estágio

Nível	Características Processo	Desempenho Previsto
5 de Otimização	Melhoria de processo institucionalizada	
4 Gerenciado Quantitat.	Produto e processo são controlados quantitat.	
3 Definido	Projetos e gerenciamento processo definido e integrado	
2 Gerenciado	Existe um sistema gerenciamento de projeto Desempenho repetível	
1 Inicial	Processo é informal e ad hoc; desempenho é imprevisível	

Benefícios

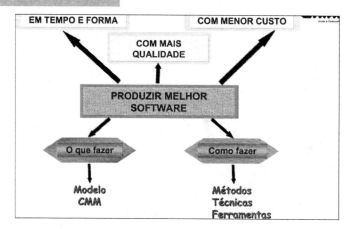

Benefícios - Exemplos

Nível de	Nível para	Organização	Resultados
1	3	Raytheon Equipment	Redução de retrabalho, em termos de custo, de 40% para 10%
			Redução da densidade de defeitos em 76%
2	4	Lockheed Martin	Habilidade de prever os custos do projeto com variação de 10%
			Somente 01 projeto fora do prazo em 15 anos
			Taxa de erro (def/KSLOC) de 2,0 para 0,1 = 95% melhoria
3	5	Motorola India Eletronics	Aumento de produtividade em 3,5 X
			Acurácia na estimativa de prazo e esforço > 90%

Mudança de níveis de maturidade do CMM

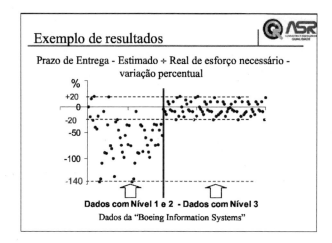

CMM : Benefícios

Resultados Agregados (valores médios anuais)

- Ganho de Produtividade: 35%
- Redução no Prazo de Entrega: 19%
- Aumento na Detecção Precoce de Erros: 22%
- Redução de Erros Pós-Entrega: 39%
- Retorno do Investimento: 5:1

Fonte: SEI

Benefícios Internos Intangíveis

- Diminuição de horas extras;
- Melhoria do ambiente de trabalho;
- Melhoria do moral da equipe;
- Melhoria da comunicação;
- Melhoria da qualidade de vida;
- Melhor imagem da organização;
- Orgulho com o programa de melhoria.

Módulo Referencial Teórico

1

Histórico e Novas Tendências

Em 1987, o SEI – *Software Engineering Institute*, sob a coordenação de Watts Humphrey, gerou a primeira versão do que veio a se chamar modelo CMM – *Capability Maturity Model*. O modelo era composto pelos documentos de maturidade de processo [HUMPHREY, 1987a] e pelo questionário de maturidade [HUMPHREY, 1987b]. Em 1991, o SEI evoluiu a estrutura de maturidade de processo para o SW-CMM – *Capability Maturity Model for*

Evolução da Qualidade

Walter Shewhart ⇨	Anos 30 ⇨	Princípios do Controle Estatístico de Processo
Edwards Deming ⇨ Joseph Juran	Anos 50 ⇨	Desenvolvimento e demonstração dos princípios de Shewhart
Philip Crosby ⇨	Anos 80 ⇨	Desenvolvimento da grade de maturidade da qualidade
Edwards Deming ⇨	1986 ⇨	Baseado no aprendizado e lições aprendidas são publicadas os 14 Princípios de Deming (*Out of the Crisis*)
Watts Humphrey ⇨	1986 ⇨	Adaptação da grade de maturidade de Crosby para o processo de software e adição do conceito de níveis de maturidade.

1987 - **MBNQA / PNQ** e normas série **ISO** 9000.
SEI - estruturas de gestão - SW-CMM, SE-CMM, P-CMM, CMMI
métodos de avaliação - SPA, CBA(SCE/IPI)

Software [PAULK et al., 1993]. O SW-CMM estabelece cinco níveis de maturidade sendo que cada um desses níveis indica a capacidade do processo. Cada nível é caracterizado pela existência de determinados processos, chamados de KPA – *Key Process Areas* (Áreas-chave de Processo). A qualidade na execução do processo, o nível de acompanhamento desta execução e a adequação dos processos ao projeto são alguns dos fatores medidos para a determinação do nível de maturidade da organização.

Histórico CMM

"Characterizing the Software
 Process: A Maturity Framework"
- *Watts Humphey, IEEE Software, 1987*

 "Managing the Software Process"
 - *Watts Humphey, 1989*

  "Key Practices of the Capability Maturity Model for Software v 1.0"
  - *Weber, et al., CMU/SEI-91-TR-25, 1991*

   "Key Practices of the Capability Maturity Model for Software v 1.1"
   - *Paulk, et al., CMU/SEI-93-TR-25, 1993*

    "Key Practices of the Capability Maturity Model for Software v 1.1"
    - *Formato de livro, 1995*

Como decorrência da evolução do modelo SW-CMM, em 2000 foi lançado o CMMI – *Capability Maturity Model Integrated*, que agrega, além da representação por estágios (do SW-CMM), a representação contínua. Na representação contínua, existem as Process Areas (Áreas de Processo), que não estão distribuídas em níveis e contêm os níveis de capacidade. Esses processos, assim como o objetivo do alcance da capacidade dos processos, devem ser selecionados pela organização e evoluídos de acordo com os objetivos organizacionais [MACHADO & BURNETT, 2001].

CMMI
Capability Maturity Model Integrated

Possui representações: **Contínua** ou **por estágios**

- ✓ **CMMI-SW** – Engenharia de Software
- ✓ **CMMI-SE** – Engenharia de Sistemas
- ✓ **CMMI-SE/SW** – Engenharia de Sistemas + de Software
- ✓ **CMMI-SE/SW/IPPD** – Engenharia de Sistemas + de Software + Produto Integrado &Desenvolvimento de Processo

O modelo CMMI é mais abrangente que o anterior. A adição do I" representa a integração de modelos de maturidade de capacitação, aumentando a complexidade e exigência deste novo modelo. A versão atual do CMM (1.1) foi congelada pelo SEI (Software Engineering Institute da Universidade de Carnegie Mellon) em dezembro de 2001, com o objetivo de centrar esforços na elaboração do CMMI. Naquela época já estava em andamento a elaboração da versão 2.0 do SW-(CMM). O CMM e o CMMI devem conviver e em breve o CMMI passará a ser o único modelo de qualidade oficialmente avaliado.

Cronologia

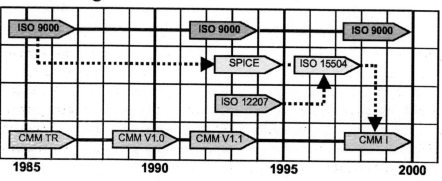

Outro fato histórico relevante, vem a ser que o SEI estabeleceu uma proposta para o CMM denominada de IDEAL, que descreve fases, atividades e recursos necessários para tomar iniciativas de melhoria de processo com sucesso.

Nome e Abrangência	Versão	Publicação
CMMI - SE/ SW/ IPPD/ SS	1.1	03/ 01/ 02
CMMI - SE/ SW/ IPPD	1.1	01/ 11/ 02
CMMI - SE/ SW	1.1	01/ 11/ 02
CMMI - SW	1.1	19/ 08/ 02

SE – Systems Engineering
SW – Software Engineering
IPPD – Integrated Product and Process Development
SS – Supplier Sourving
www.sei.cmu.edu/models/models;html

As cinco fases desta proposta, que formam um ciclo, são descritas sucintamente como: iniciar, diagnosticar, estabelecer, agir, e implantar.

ModeloIDEAL

- O Modelo IDEAL foi desenvolvido pelo SEI (Software Engineering Institute)
- IDEAL - acrônimo que engloba os 5 estágios do ciclo de melhoria de processo de software

(**I** nitiating) - Inicialização
(**D** iagnosing)- Diagnóstico
(**E** stablishing) - Estabelecimento
(**A** cting) - Ação
(**L** everaging) - Lições

Estratégias de Melhoria de Processo

- Permite que:
    - Se compreenda o estágio atual do processo
    - Se desenvolva a visão do processo desejado
    - Se estabeleça uma lista de ações para a melhoria
    - Se gere um plano para acompanhar as ações e alocação de recursos para o plano

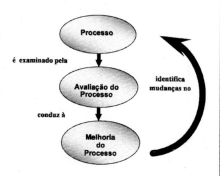

Tendências atuais

I. Tendência de harmonização com Padrões Internacionais
II. Necessidade de Evolução e Melhoria Contínua conforme o próprio enfoque dos Modelos de Gestão.

O SEI atua com:
- a revisão da ISO 9000:2000
- publicação dos padrões e manuais da ISO 15504 - SPICE

- 1997 – SEI iniciou revisão dos modelos e criou estrutura integrada
- Setembro 1999 – versão 0.2 do CMMI-SE/SW
- Agosto 2000 – versão 1.0 do CMMI-SE/SW
- Novembro 2000 - versão 1.02 do CMMI-SE/SW e SE/SW/IPPD

Mudança de Paradigma

> "Managing by results is like looking in the rear-view mirror."
>
> "Manage the cause, not the result."

— *W. Edwards Deming*

"In God we trust,
all others bring data."
- W. Edwards Deming[2]

2

Correlação entre CMMI e o CMM

Modelo SW-CMM

- CMM-Capability Maturity Model
- É o modelo mais antigo, o CMM para software
- Desenvolvido na Carnegie Mellon University para grandes projetos militares
- Avalia a capacidade que uma organização possui para desenvolver software

CMMI

- Modelo de integração elaborado para substituir os demais modelos do SEI referentes a software e sistema
- Aplica-se ao projeto de Sistemas que envolvem diversas disciplinas da engenharia

Devido ao fato do CMM ter sido concebido como um modelo de capacitação específico para a área de software, ficou consagrado pelo público como SW-CMM (ou CMM para software). Isto porque, na esteira de seu sucesso, diversos outros "CMMs" foram criados, procurando cobrir outras áreas de interesse. Assim surgiram os seguintes modelos:

> ➤ Software Acquisition CMM (SA-CMM): usado para avaliar a maturidade de uma organização em seus processos de seleção, compra e instalação de software desenvolvido por terceiros;

> ➤ Systems Engineering CMM (SE-CMM): avalia a maturidade da organização em seus processos de engenharia de sistemas, concebidos

54 CMMI ♦ Integração dos Modelos de Capacitação e Maturidade de Sistemas

como algo maior que o software. Um "sistema" inclui o hardware, o software e quaisquer outros elementos que participam do produto completo. Se um novo caça está sendo desenvolvido, o avião é o "sistema", incluindo aí todo o software que nele esteja embarcado;

➤ Integrated Product Development CMM (IPD-CMM): ainda mais abrangente que o SE-CMM, inclui também outros processos necessários à produção e suporte ao produto, tais como suporte ao usuário, processos de fabricação etc;

➤ People CMM (P-CMM): avalia a maturidade da organização em seus processos de administração de recursos humanos no que se refere a software; recrutamento e seleção de desenvolvedores, treinamento e desenvolvimento, remuneração etc.

O surgimento de todos estes modelos gerou alguns problemas. Em primeiro lugar, nem todos usavam a mesma terminologia, de modo que um mesmo conceito podia receber nomes diferentes em cada modelo, ou que o mesmo termo quisesse dizer coisas diferentes nos vários modelos.

Além disso, a estrutura carecia de um formato padrão. Os modelos tinham diferentes números de níveis ou formas diferentes de avaliar o progresso. Um terceiro problema era os altos custos de treinamento, avaliação e harmonização para organizações que tentassem usar mais de um modelo.

Por outro lado, a experiência no uso do SW-CMM durante uma década serviu para identificar pontos em que o modelo poderia ser melhorado. Ao mesmo tempo, o surgimento do projeto SPICE, da ISO, levou à necessidade de compatibilização do CMM com a ISO 15.504, que será o resultado do projeto.

Por todas estas razões, o SEI iniciou um projeto chamado CMMI (CMM Integration). Seu objetivo era gerar uma nova versão do CMM que resolvesse esses problemas. Concretamente, a primeira idéia, como o nome sugere, é integrar os diversos CMMs numa estrutura única, todos com a mesma terminologia, processos de avaliação e estrutura.

Além disso, o projeto também se preocupou em tornar o CMM compatível com a norma ISO 15.504, de modo que as avaliações em um modelo sejam reconhecidas como equivalentes às do outro. E, naturalmente, incorporar ao CMM as sugestões de melhoria surgidas ao longo dos anos.

Correlação

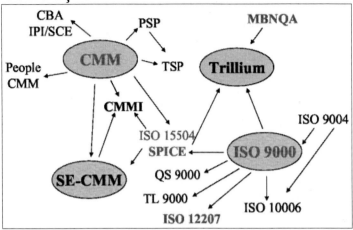

Fonte: SPC + Sheard Sarah – framework quagmire 2001

Processos de Engenharia de Sistemas e Engenharia de Software são integrados

"A integração de sistemas e software em um único processo de melhoria fornece uma estrutura para introduzir novas disciplinas quando a necessidade surge".

Assim, o CMMI já está disponível e sendo usado em algumas organizações. Existem diversas versões, dependendo do nível de abrangência necessário (incluindo ou não os aspectos SE, IPD etc.), integrando os aspectos de processo de software, de engenharia de sistemas e definição de produtos. Estão fora do escopo dos dois modelos, outras áreas importantes para a sobrevivência de uma organização produtora de software, como marketing, finanças e administração; assim como, áreas importantes de informática, como hardware e bancos de dados. Portanto, a aplicação do CMMI ou CMM, ou paradigma equivalente, não garante por si só a viabilidade de uma organização, embora possa ser um fator importante de melhoria da eficácia e competitividade.

O QUE O CMMI NÃO COBRE

O CMMI não aborda todos os processos de projeto e todas as questões ligadas à qualidade.
Questões que são abordadas indiretamente ou
por conseqüência, incluem:

- Ferramentas específicas, métodos e
  tecnologia;
- Engenharia concorrente e trabalho em
  equipe;
- Marketing;
- Recursos humanos;
- Comportamento organizacional.

Enfim, o framework definido para o CMMI permitiu a geração de múltiplos modelos, relacionados com a representação escolhida (por estágio ou contínua), associados aos treinamentos e avaliações específicos requeridos. Cada modelo selecionado reflete o conteúdo de disciplinas específicas.

Na versão atual do CMMI são contempladas as disciplinas a seguir, sendo que os três primeiros já pertenciam a "família" de modelos do CMM:

- ➢ CMMI-SW: Modelo que contém a disciplina de Engenharia de Software;
- ➢ CMMI-SE: Modelo que contém a disciplina de Engenharia de Sistemas;
- ➢ CMII-SE/SW: Modelo que integra as disciplinas Engenharia de Sistema e Engenharia de Software;
- ➢ CMMI-SE/SW/IPPD: Modelo que integra Engenharia de Sistema, Engenharia de Software e Desenvolvimento de Produto e Processo Integrado (DPPI);
- ➢ CMMI-SE/SE/IPPD/SS: Modelo que integra Engenharia de Sistema, Engenharia de Software, Desenvolvimento de Produto e Processo Integrado (DPPI) e Desenvolvimento com Sub-contratação (Supplier Sourcing).

Correlação entre CMMI e o CMM

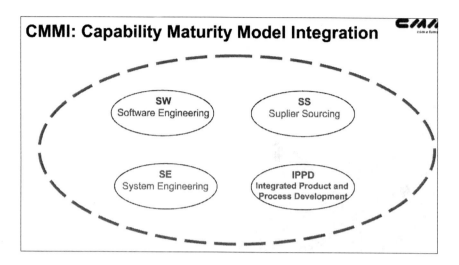

Da "família" de modelos CMM não foram contempladas:
➢ Aquisição de Software (SA-CMM) e
➢ Gestão de Recursos Humanos (P-CMM ou People Capability Maturity Model) que ficaram de ser incorporados em versões do CMMI. Além desses, prevê-se a inclusão de novas disciplinas no futuro, conforme a demanda do mercado.

Resumo do que Mudou

A principal mudança do CMMI em relação ao SW-CMM é a possibilidade de utilização de duas diferentes abordagens para a melhoria de processos. Estas duas abordagens são conhecidas como o "modelo contínuo" e o "modelo em estágios". O SW-CMM, como se sabe, é um modelo em estágios. Existem cinco níveis de maturidade, e a organização é avaliada como estando em apenas um deles. Em cada nível, a partir do nível 2, existem as chamadas "áreas chave de processo". O SW-CMM possui 18 áreas-chave, e cada uma situa-se em apenas um nível. Assim, para uma organização estar no nível 2, é necessário que as 6 áreas-chave deste nível estejam institucionalizadas. Para estar no nível 3, é preciso cumprir as 6 áreas no nível 2 e mais as 7 áreas do nível 3. E assim por diante.

Uma organização no nível 2 pode, por exemplo, possuir práticas de níveis mais altos, mas ser apenas nível 2, por não possuir o conjunto completo das áreas do nível mais alto.

Alguns dos "outros" CMMs citados, bem como o modelo da norma 15.504 (SPICE), usam uma abordagem diferente, o chamado "modelo contínuo". Neste caso, cada área de processo possui características relativas a mais de um nível. Assim, uma área de processo que, no modelo em estágios, pertence exclusivamente ao nível 2, no modelo contínuo pode ter características que a coloquem em outros níveis.

Repetindo

CMM

É um modelo de avaliação e melhoria da maturidade de **Processo de Software**.

Objetivos:

- Auxiliar o gerenciamento e mudança de processo.
- Fornecer uma estrutura básica para métodos confiáveis e coerentes de avaliação de organizações de software.
- Auxiliar a melhoria do processo interno de software.
- Fornecer um guia para as empresas implementarem melhorias em seu processo.

Correlação entre CMMI e o CMM

Correlações Detalhadas

SW CMM v1.1 ⇨ CMMI

SW CMM v1.1	CMMI	
Level 2 Repeatable	Requirements Management Software Project Planning Software Project Tracking & Oversight Software Subcontract Management Software Quality Assurance Software Configuration Management	Requirements Management Project Planning Project Monitoring and Control Supplier Agreement Management Process & Product Quality Assurance Configuration Management Data Management Measurement and Analysis	**Level 2 Managed**
Level 3 Defined	Organization Process Focus Organization Process Definition Training Program Integrated Software Management Software Product Engineering Intergroup Coordination Peer review	Organization Process Focus Organization Process Definition Organization Training Integrated Project Management Risk Management Customer and Product Requirements Technical Solution Product Integration Product Verification Validation Decision Analysis and Resolution	**Level 3 Defined**
Level 4 Managed	Quantitative Process Management Software Quality Management	Organization Process Performance Quantitative Management of Quality & Process	**Level 4 Quantitatively Managed**
Level 5 Optimizing	Defect Prevention Technology Management Process Change Management	Causal Analysis and Resolution Org. Process Technology Innovation Process Innovation deployment	**Level 5 Optimizing**

By Mike Konrad, Software Engineering Institute - March 21, 2000
http://www.sei.cmu.edu/cmmi/publications

SW CMM v1.1 ⇨ CMMI

SW-CMM v1.1 Common Feature	CMMI Common Features
Commitment to Performance Establish an Organization Policy	**Commitment to Performance** Establish an Organization Policy
Ability to Perform Provide Resources Assign Responsibility Train People	**Ability to Perform** Plan the Process Provide Resources Assign Responsibility Train People
Activities Performed Plan the Process Perform the Process Monitoring and Control the Process	**Activities Performed** Perform the Process **Directing Implementation** Manage Configurations Monitoring and Control the Process
Measurement & Analysis Measure the Process Analyze the Measurements	Expanding in the Measurement & Analysis Process Area
Verifying Implementation Review with Org. Management Review with Project Management Objectively Verify Adherence	**Verifying Implementation** Review with Management Objectively Verify Adherence

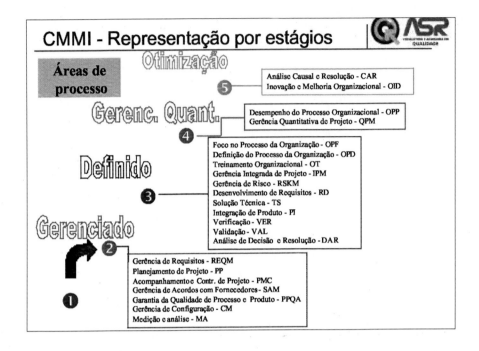

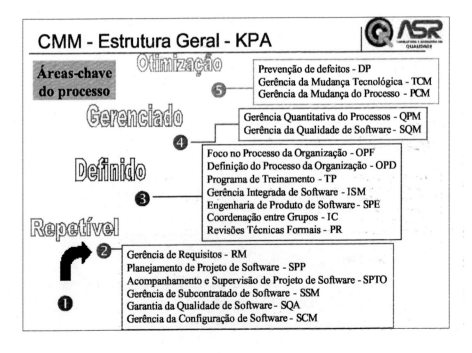

Para Fixar Idéias

CMMI O que mudou?

- A principal mudança do CMMI está na possibilidade de se utilizar duas diferentes abordagens: contínua e por estágios
- Contínua: proporciona flexibilidade para que as organizações escolham quais processos serão priorizados para a melhoria
- Por estágios: similar ao SW-CMM

Abordagem por Estágios
NívelRepetível(2)

| 6- Gerenciamento da Configuração de Software
5- Garantia da Qualidade de Software
4- Gestão de Subcontratação
3- Acompanhamento de Projeto de Software
2- Planejamento de Projeto de Software
1- Gerenciamento de Requisitos | SW CMM |

| SW CMMI | 7- Gerenciamento da Configuração de Software
6- Garantia da Qualidade de Software
5- Measurement and Analysis
4- Gestão de Subcontratação
3- Acompanhamento de Projeto de Software
2- Planejamento de Projeto de Software
1- Gerenciamento de Requisitos |

Abordagem por Estágios
NívelDefinido (3)

| 7- Revisões (peer reviews)
6- Coordenação de Intergrupos
5- Engenharia de Produto de Software
4- Gerenciamento de Software Integrado
3- Programa de Treinamento
2- Definição do Processo da Organização
1- Foco no Processo da Organização

SW-CMM | 11- Desenvolvimento de Requisitos
10- Soluções Técnicas
9- Integração do Produto
8- Verificação
7- Validação
6- Análise de Decisão e Resolução
5- Gerenciamento de Riscos
4- Gerenciamento de Software Integrado
3- Programa de Treinamento
2-Definição do Processo da Organização
1- Foco no Processo da Organização

SW-CMMI |

3

Foco em Processo

O grande desafio da Engenharia de Software ainda é o desenvolvimento de software com elevada produtividade, dentro do prazo estabelecido e contando apenas com os recursos alocados na fase de planejamento. A falta de um *processo de desenvolvimento* claramente definido e efetivo, segundo os idealizadores dos dois modelos, o CMM e o CMMI, vem a ser a principal causa da problemática que envolve o desenvolvimento de software.

Um processo, em um nível mais sistêmico, cruza horizontalmente várias funções da organização.

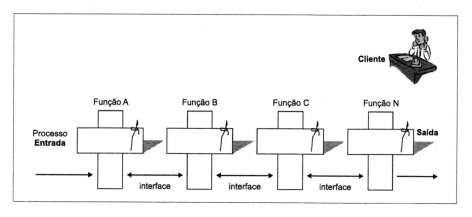

64 CMMI ♦ Integração dos Modelos de Capacitação e Maturidade de Sistemas

Na visão funcional (vertical) [Fiorini 95] cada pessoa limita-se a ver a sua parte do processo. Não há muita preocupação com relação à comunicação entre o pessoal envolvido no processo, tornando frágil às interfaces, onde estão a maior parte dos problemas relacionados à otimização do processo. Efeitos colaterais desta ótica são a problemática relacionada à priorização de funções ou áreas, assim como eventuais duplicações de esforços, inconsistências e redundâncias.

Na visão por processo (horizontal) todos os envolvidos no processo participam da definição do mesmo, chegando a uma visão sistêmica em relação à organização e com transparência em relação às interfaces, o que facilita a comunicação entre cliente e fornecedor interno, através de linguagem comum, estabelecendo como o processo "acontece" na organização. Cada pessoa passa a ter não só a visão parcial, como também passa a perceber a sua importância dentro do todo.

Além disso, a definição do processo viabiliza a coleta e medição de dados de execução, que permitem por sua vez a atuação competente da gerência do projeto. Por outro lado, a partir da definição dos processos e estabelecimento do treinamento pertinente, o mesmo torna-se independente, uma vez que qualquer pessoa pode ser substituída por outra guiada pela definição do processo, sem comprometer a sua eficiência.

PROCESSOS DO CICLO DE VIDA DO PRODUTO

Humphrey e Paulk (9) afirmam que o processo é uma seqüência de etapas executadas para realizar um determinado objetivo e que envolve métodos, ferramentas e pessoas (figura seguinte) e pode ser visto como um conjunto de atividades, métodos, práticas e transformações que as pessoas utilizam para desenvolver, manter e evoluir software e os artefatos associados.

Para um processo de software funcionar satisfatoriamente deve possuir:

➢ Tecnologia que engloba ferramentas e equipamentos, a fim de proporcionar suporte à realização das tarefas, viabilizando, simplificando e automatizando o trabalho;

➢ Procedimentos e métodos que descrevam a relação entre as tarefas;

> Pessoas com perfil adequado, treinadas nos métodos e nas ferramentas para poderem realizar as atividades adequadamente.

"O ciclo de vida do produto é o período de tempo, consistindo de fases, que começa quando o produto é idealizado e termina quando o produto não mais está disponível para uso."

O CMMI focaliza a importância dos processos, que considera o fator de produção como o maior potencial de melhoria a prazo mais curto e enfatiza a documentação dos processos, uma vez que, para realizar alguma alteração, é preciso entender como ele funciona.

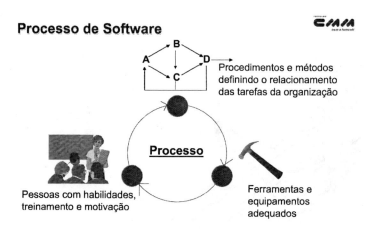

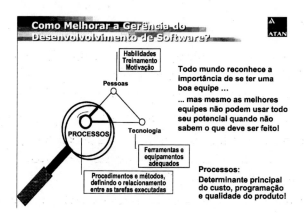

O que é um processo?

Definição de Processo de Projeto

- <u>processo</u> - uma sequência de passos realizados para um determinado propósito. (IEEE)

- <u>processo de projeto</u> - um conjunto de atividades, métodos, práticas e tecnologias que as pessoas utilizam para desenvolver e manter projetos e seus produtos relacionados. (CMMI)

Por outro lado, o CMMI recomenda um caminho gradual, que leva as organizações a se aprimorarem continuamente na busca *da sua própria solução dos problemas* inerentes ao desenvolvimento sistemático de software.

Essa premissa significa tanto foco no processo quanto no produto.

4

Conceitos Básicos

A seguir passaremos a citar os conceitos que consideramos básicos para o entendimento desta obra.

PROCESSO NO CMMI

No modelo CMMI um processo consiste das atividades reconhecidas como implementações das práticas do modelo. À medida que a organização vai se tornando madura, o processo vai ficando mais definido.

PROCESSO DE BAIXA QUALIDADE

Caracterização de um processo de baixa qualidade **(imaturo):**
- Processos improvisados durante o curso do projeto;
- Falta de rigor no cumprimento quando o processo é estabelecido;
- Falta de controle;
- Dependência dos profissionais;
- Inexistência ou redução das atividades de revisão e teste;
- Organizações reacionárias: os gerentes normalmente estão focados na solução de problemas imediatos;

68 CMMI ♦ Integração dos Modelos de Capacitação e Maturidade de Sistemas

> Indisciplinado.

Conseqüências:

> Pouca produtividade;
> Qualidade de difícil previsão;
> Alto custo de manutenção;
> Comprometimento da qualidade em função de prazos e custos:
> Cronogramas e orçamentos são freqüentemente estourados;
> Risco na adoção de novas tecnologias.

PROCESSO DE ALTA QUALIDADE

Caracterização de um processo de alta qualidade **(maduro):**

> O processo é coerente com as linhas de ação da organização;
> Processo conhecido por todos;
> Apoio visível da alta administração;
> Auditagem dá fidelidade ao processo;
> Medidas do produto e do processo;
> Adoção disciplinada de tecnologia.

Conseqüências:

> Papéis e responsabilidades claramente definidos;
> Acompanhamento da qualidade do produto e da satisfação do cliente;
> Expectativas para custos, cronograma, funcionalidades e qualidade do produto é usualmente alcançada.

Organizações Maduras

Quais os benefícios

- Permite o foco no sistema que representa 85% das causas dos problemas.
- As pessoas desenvolvem seu potencial mais completamente e são mais eficazes dentro da organização.
- Por meio da definição, medição e controle do processo, as melhorias são mais bem sucedidas e sustentáveis.
- A probabilidade de introdução, bem sucedida, de tecnologias, métodos e ferramentas apropriadas aumenta.

PARA FIXAR IDÉIAS...:

Capacitação do Processo: a Capacitação do Processo descreve a gama de resultados esperados que podem ser alcançados com a aplicação do processo; e fornece meio de se prever os resultados mais prováveis a serem esperados no projeto empreendido. **É a habilidade** que a organização tem em, *sistematicamente,* produzir processos, dentro da qualidade esperada, dentro dos prazos concordados e com os recursos alocados. Em outras palavras, é a habilidade, inerente ao processo, de produzir resultados planejados. Quanto maior a capacitação, menor será a variação dos erros de estimativa em torno da média. Cada nível de maturidade estabelece um conjunto coerente de metas que, quando satisfeitas em seu conjunto, melhoram a capacitação da organização e fazem com que o processo de desenvolvimento se torne mais organizado.

> É a adaptação do processo às características específicas das empresas e dos projetos e também o quanto o processo é capaz de ser continuamente aprimorado.

Desempenho do Processo: o Desempenho do Processo representa os resultados reais alcançados seguindo-se as etapas do processo. É o resultado das medições de consumo de recurso e da qualidade dos resultados decorrentes da realização de determinado processo.

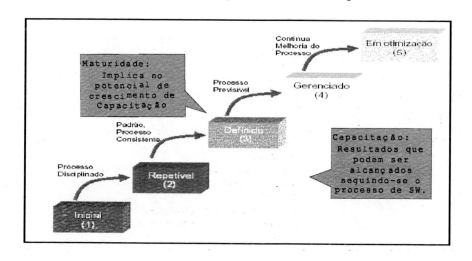

70 CMMI ♦ Integração dos Modelos de Capacitação e Maturidade de Sistemas

Maturidade do Processo: representa o potencial de crescimento em capacitação ou habilitação. Ou seja, descreve o quanto à empresa está madura para executar seus processos. A maturidade do processo, medida em níveis de 1 a 5, e a sua capacitação são proporcionais: "Quanto maior o nível de maturidade, maior a capacitação do processo não só em relação a qualidade, como também no estabelecimento de prazos, custos e recursos dentro do planejado." Conclui-se, então, que *o nível de maturidade indica o quanto um processo é capaz de produzir determinados resultados.*

Maturidade de Capacitação: representa o quanto o processo é capaz de assegurar:
➤ A capacidade do projeto de ser gerenciado ;
➤ A qualidade dos resultados gerados;
➤ A adaptação do processo às características específicas das empresas e dos projetos e o quanto o processo é capaz de ser continuamente aprimorado.

O Pacote CMMI: o Pacote CMMI é o conjunto completo de produtos desenvolvidos com base no conceito CMMI. Estes produtos incluem o próprio framework, modelos, métodos, materiais de avaliação e vários tipos de treinamento produzidos a partir do framework. À medida que o pacote CMMI foi sendo desenvolvido, também foi mantida a compatibilidade com o modelo ISO/IEC 15504.

Representação: os blocos básicos de todo modelo CMMI são chamados de áreas de processo. Uma representação reflete, entre outros, a organização das áreas de processo do modelo. Existem duas representações de cada modelo CMMI, ambas contendo essencialmente a mesma informação:
➤ **Representação em estágios**: a representação em estágios oferece um mapa detalhado para o processo de melhoria passo a passo. Esta representação descreve a seqüência de execução das áreas de processo agrupando-as em níveis de maturidade, que fornecem abordagem comprovada para o processo de melhoria. Alcançando cada nível, garante-se uma base adequada de melhorias para o próximo nível, minimizando investimentos e riscos e maximizando benefícios. Processos são melhorados com o alcance de níveis mais altos de maturidade. Esta representação reúne as melhores práticas para o processo de melhoria.

Conceitos Básicos

> **Representação contínua:** a Representação Contínua oferece uma abordagem mais flexível para o processo de melhoria. Foi projetada para organizações que gostariam de escolher uma área de processo específica ou um conjunto de processos para melhorar, baseadas em problemas ou em um conjunto de áreas diretamente relacionadas com seus objetivos de negócio. Os objetivos do processo de melhoria são mapeados para áreas de processo do modelo com a finalidade de identificar as áreas de processo a serem implementadas. A representação contínua com estágios equivalente é recomendável para manter a compatibilidade com o modelo de representação em estágios. No entanto, não é necessário que os estágios equivalentes sejam implementados e sim que o conjunto de objetivos genéricos sejam satisfeitos.

Disciplinas: atualmente existem quatro áreas de conhecimento (disciplinas) disponíveis quando se seleciona um modelo CMMI:

> **Engenharia de Sistemas:** Engenharia de Sistemas cobre o desenvolvimento de sistemas em geral, o qual pode ou não incluir software. Está focada na transformação das necessidades, expectativas e restrições do cliente em soluções de produto e suporte durante toda a vida do produto. Quando selecionada, o modelo irá conter o Gerência de Processo, Gerência de Projeto, Suporte e áreas de processo da Engenharia.

> **Exemplo:** Se um novo caça está sendo desenvolvido, o avião é o "sistema", incluindo aí todo o software que nele esteja embarcado.

> **Engenharia de Software:** Engenharia de Software cobre o desenvolvimento de sistemas de software. Está focada na aplicação de abordagens sistemáticas, disciplinadas, quantificadas ao desenvolvimento, operação e manutenção de software. Quando selecionada, o modelo irá conter a Gerência de Processo, Gerência de Projeto, Suporte e áreas de processo da Engenharia.

> **Desenvolvimento de Produtos e Processos Integrados:** Desenvolvimento de Produtos e Processos Integrados (DPPI) é uma abordagem sistemática que obtém colaboração dos relevantes *stakeholders* durante toda a vida do produto para melhor satisfazer as necessidades, expectativas e requisitos do cliente. Para suportar uma abordagem

72 CMMI ♦ Integração dos Modelos de Capacitação e Maturidade de Sistemas

DPPI os processo são integrados com os outros processos da organização. As áreas de processo, as metas e práticas específicas do DPPI sozinhas não estabelecem DPPI. Selecionado DPPI, suas práticas específicas devem ser executadas juntamente com outras práticas específicas usadas para produzir produtos (por exemplo, áreas de processos da engenharia). Isto é, se uma organização ou projeto que deseja usar o DPPI, deve escolher um modelo com uma ou mais disciplinas em adição a escolha do DPPI. Quando selecionada o modelo irá conter a Gerência de Processo, Gerência de Projeto, Suporte e áreas de processo da Engenharia que se aplicam a ambos DPPI e à(s) outra(s) disciplina(s) selecionadas para o modelo.

> **Desenvolvimento com Sub-contratação:** À medida que se tornam mais complexos, os projetos podem necessitar de terceiros para executarem funções ou adicionarem modificações aos produtos do projeto. Quando estas atividades são criticas, o projeto se beneficia com a análise para escolha do sub-contratado e monitoramento de suas atividades antes da entrega do produto. Está disciplina cobre a aquisição de produtos de terceiros sob estas circunstâncias. Quando selecionada, o modelo irá conter a Gerência de Processo, Gerência de Projeto, Suporte e áreas de processo da Engenharia que se aplicam a ambos, desenvolvimento com sub-contratação e à(s) outra(s) disciplina(s) selecionadas para o modelo. A área de processo Gerência Integrada de Fornecedor está incluída na categoria da área de processo Gerência de Projeto.

Desenvolvimento: A palavra "desenvolvimento" implica não apenas em atividades de desenvolvimento, mas também em atividade de manutenção. Projetos que se beneficiam das melhores práticas do CMMI podem focar em manutenção, desenvolvimento ou ambos.

Framework: O framework consiste de um banco de dados e processos definidos para inserção de dados, gerenciamento do banco de dados e para geração de modelos de maturidade e capacitação, junto com o suporte, a avaliação e material de treinamento. É a estrutura básica que organiza os componentes CMMI. O framework contém componentes comuns e compartilhados que são

Conceitos Básicos

essenciais para todos os modelos e aplicam-se a todas as disciplinas; componentes compartilhados por vários modelos, mas não por todos; componentes únicos que pertencem a disciplinas específicas (componentes únicos para cada disciplina); e regras para a construção do modelo.

Tailoring (Adaptação): Tailoring é o uso seletivo do conteúdo dos produtos gerados pelo framework, de acordo com os objetivos da organização que deseja aplicar o modelo CMMI. Deve ser feito para restringir as aplicações de um modelo CMMI para áreas de processo específicas. O que é apropriado em certas áreas de processo não são necessariamente adequados para os papéis ou abordagem de negócio da organização. Em outras palavras: São diretrizes para executar, alterar ou adaptar um processo, padrão ou procedimento para um fim em particular.

Stakeholder: Stakeholder é um grupo ou indivíduo afetado de alguma maneira pelo empreendimento. Inclui, entre outros: membros do projeto, fornecedores, clientes e usuários finais.

Relevantes stakeholders: São os Stakeholders identificados para participarem de atividades especificadas e incluídos em um plano apropriado.

Cliente: Um cliente é a parte (indivíduo, projeto ou organização) responsável por aceitar o produto ou por autorizar o pagamento. É externo ao projeto, mas não necessariamente externo a organização, pode ser o nível mais alto do projeto e fazer parte dos stakeholders.

Benchmarking: É um processo de comparação de práticas de gestão, que pode incluir a comparação de estratégias, procedimentos, operações, sistemas, processos, produtos e serviços. Esta comparação é feita com organizações consideradas como referenciais, a fim de identificar oportunidades de melhoria do desempenho organizacional.

Produto: A palavra "produto" é usada para significar qualquer saída ou serviço tangível como resultado de um processo com intenção de ser entregue ao cliente ou usuário finais.

74 CMMI ♦ Integração dos Modelos de Capacitação e Maturidade de Sistemas

Produto de Trabalho (similar a artefato): O termo "produto de trabalho" é usado para significar qualquer artefato produzido por um processo podendo incluir arquivos, documentos, partes do produto, serviços, processo, especificações e contas a pagar. Exemplos de processos considerados como produtos de trabalho: processo de manufatura, processo de treinamento e processo de eliminação do produto. Um produto é um produto de trabalho que é entregue ao cliente .

Componente de Produto: Componentes do produto são integrados para "construir" o produto. É qualquer produto de trabalho projetado para satisfazer a intenção de uso do produto por toda sua vida. Fazem parte do produto entregue ao cliente e podem servir na fabricação ou uso do produto. Uma distinção chave entre produto de trabalho e componente de produto é que um produto de trabalho não necessita ser projetado ou fazer parte do produto final. Podem existir múltiplos níveis de componentes de produto.

Artefato (Software Work Product): É qualquer item criado como parte da definição, manutenção ou utilização de um processo de software. Ou seja, é qualquer resultado, simples ou compostos, desenvolvido no decorrer do projeto. Inclui, entre outros, descrição de processos, planos, procedimentos, projeto de arquitetura, projeto detalhado, código, documentação para o usuário, especificação de requisitos, especificação de arquitetura, módulos, bibliotecas, programas, dados de teste, documentação para o usuário, planos de desenvolvimento, planos em geral, o sistema completo. Artefatos podem ser ou não entregues a um cliente, ou usuário final.

Baseline: É um conjunto de artefatos formalmente aceitos, controlados, registrados, não mutáveis no tempo, e que serão utilizados em atividades posteriores à sua aceitação. A evolução da *baseline* se dá através da adição de novos artefatos e documentos, e é um indicador do progresso realizado no desenvolvimento dos trabalhos. Alterações em artefatos que fazem parte de uma baseline somente podem ser realizados segundo um procedimento bem definido e documentado, levando a novas versões destes artefatos. O termos *baseline* vem do jogo de baseball, na qual jogadores progridem de uma base para outra, cada base alcançada representa uma conquista.

Conceitos Básicos **75**

Estabeleça e Mantenha: Esta frase inclui documentação e uso. Por exemplo, "Estabeleça e mantenha uma política organizacional para planejamento e implementação do processo da organização" significa que não apenas uma política deve ser formulada, mas também documentada e usada por toda a organização.

Quando Apropriado e Quando Necessário: Estas palavras são usadas para que metas e práticas sejam interpretadas de acordo com os objetivos da organização. Quando se usa um modelo CMMI, as práticas devem ser interpretadas de modo que se apliquem a organização. Estas palavras aparecem em metas e práticas onde certas atividades não precisam ser feitas todo o tempo.

ENGENHARIA DE SOFTWARE: DEFINIÇÃO

- Fritz Bauer – 1969
  "O estabelecimento e uso de sólidos princípios de engenharia para que se possa obter economicamente um software que seja confiável e que funcione eficientemente em máquinas reais"

- IEEE, 1993
  "A aplicação de uma abordagem sistemática, disciplinada e quantificável para o desenvolvimento, operação e manutenção do software. O estudo de abordagens e princípios a fim de obter economicamente softwares confiáveis e que executem de forma eficiente nas máquinas reais"

- Krakowak,1985
  "Conjunto de métodos, técnicas e ferramentas necessárias à produção de software de qualidade para todas as etapas do ciclo de vida do produto".

Para Fixar Idéias

Conceitos sobre maturidade de processos

- **Processo de software** – conjunto de atividades, métodos, práticas e transformações usados para desenvolver e manter software.

- **Capacidade do processo de software** – descreve o alcance dos resultados esperados que podem ser obtidos pela utilização do processo de software.

- **Maturidade do processo de software** – é a extensão em que um processo específico é explicitamente definido, gerenciado, medido, controlado e efetivo.

- Para que uma organização obtenha os ganhos de maturidade no processo de software, ela deveria institucionalizar seu processo de software através políticas, padrões e estruturas organizacionais.

Leia com Atenção

O que é Qualidade?

Visão Popular
- Luxo
- Mais caro, complexo
  - *maior qualidade (?)*
- Pode ser discutida
- Não pode ser medida, controlada ou gerenciada

Visão Profissional
- Relacionada aos requisitos.
- Falta de conformidade
  - *falta de qualidade (?)*
- Pode ser medida, controlada e gerenciada.

Qualidade de Software - Produto

Funcionalidade	Adequação – *"Propõe-se a fazer o que é apropriado?"*
"Satisfaz as necessidades?"	Acurácia – *"Faz o que foi proposto de forma correta?"*
	Interoperabilidade – *"Interage com os sistemas especificados?"*
	Conformidade – *"Está de acordo com as normas, leis, etc...?"*
	Segurança de Acesso – *"Evita acesso não autorizado dos dados?"*

Qualidade de Software – Produto

Confiabilidade	Maturidade – *"Com que freqüência apresenta falhas?"*
"É imune a falhas?"	Tolerância a Falhas – *"Ocorrendo falhas, como ele reage?"*
	Recuperabilidade – *"É capaz de recuperar dados em caso de falhas?"*

Qualidade de Software – Produto

Usabilidade	Intelegibilidade – *"É fácil de entender o conceito e a aplicação?"*
"É fácil de usar?"	Apreensibilidade – *"É fácil aprender a usar?"*
	Operacionalidade – *"É fácil de operar e controlar?"*

78 CMMI ♦ Integração dos Modelos de Capacitação e Maturidade de Sistemas

Qualidade de Software – Produto

Eficiência	Comportamento em relação ao tempo – *"Qual o tempo de resposta a velocidade de execução?"*
"É rápido e enxuto?"	Comportamento em relação aos recursos – *"Quanto recurso usa? Durante quanto tempo?"*

Qualidade de Software – Produto

Manutenibilidade	Analisabilidade – *"É fácil de encontrar um falha, quando ocorre?"*
"É fácil de modificar?"	Modificabilidade – *"É fácil de modificar e adaptar?"*
	Estabilidade – *"Há grande risco quando se fazem alterações?"*
	Testabilidade – *"É fácil de testar quando se fazem alterações?"*

Qualidade de Software – Produto

Portabilidade	Adaptabilidade – *"É fácil adaptar a outros sistemas?"*
"É fácil de usar em outro ambiente?"	Capacidade para ser instalado – *"É fácil instalar em outros sistemas?"*
	Conformidade
	Capacidade para substituir

Conceitos Básicos

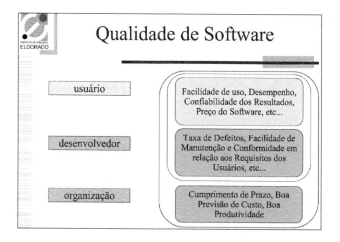

Qualidade de Software

- Conjunto de **atributos** de software que devem ser satisfeitos de modo que o software atenda às **necessidades dos usuários**.

- A determinação dos atributos relevantes para cada software **varia** em função do **domínio da aplicação**, das tecnologias utilizadas, das características específicas do projeto e das necessidades do usuário e da organização.

Engenharia de Software

O que é Software?

- Programas de Computador
- Documentação Associada
  - *Manuais de usuário*
  - *Documentos de planejamento, qualidade, configuração, requisitos, design, testes, resultados, etc...*

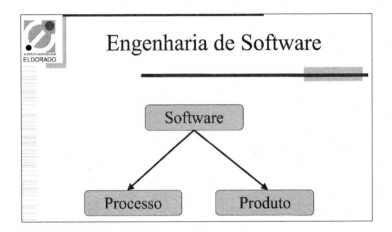

Engenharia de Software

- Engenharia de software é uma disciplina de engenharia responsável por todos os aspectos da produção de software.
- Engenheiros de software devem adotar um comportamento organizado e sistemático nos seus trabalhos, usando ferramentas e técnicas apropriadas de acordo com o problema, com os vínculos do projetos e com os recursos disponíveis.

Engenharia de Software vs Ciência da Computação

- A Ciência da Computação está relacionada com a teoria e os fundamentos
- A Engenharia de Software está relacionada com a aplicabilidade prática de técnicas no desenvolvimento e entrega de software.

Somente as teorias da Ciência da Computação **não são ainda** suficientes para fundamentar a Engenharia de Software.

Processo de Software

Conjunto de atividades, métodos, práticas e tecnologias que as pessoas utilizam para desenvolver e manter software e produtos relacionados.

Processo de Software

Premissas

- A qualidade de um produto de software é dependente da qualidade do processo pelo qual ele é construído e mantido.
- O processo de software pode ser definido, gerenciado, medido e melhorado.

> Um processo definido está descrito em detalhes de forma a poder ser usado de forma consistente.

Controle do Processo de Software

- A **competência** em controlar o **processo de software** influencia na **capacidade** da organização de **atingir** metas de custo, qualidade e cronograma.
- A **qualidade do processo de software** pode ser analisada através dessa competência.

Uso de Modelo de Qualidade de Processo de Software

Benefícios
- Linguagem comum
- Processos e procedimentos desenvolvidos com sugestões da comunidade de software
- Estrutura para se priorizar as ações
- Auxilia comparações com diversas indústrias

Riscos
- Modelos são simplificações
- Modelos não são abrangentes
- Interpretações e adaptações
- Bom senso e visão

Controle do Processo de Software

Sem controle
- Improvisado.
- Não seguido.
- Depende dos profissionais
- Baixa visão do progresso e da qualidade.
- Arriscado do ponto de vista de uso de novas tecnologias.

Com controle
- Coerente; o trabalho é efetivamente concluído.
- Apoio da alta administração.
- Permite a medição do produto e do processo
- Uso disciplinado da tecnologia.

Processo institucionalizado

- Infra-estrutura com processos eficazes, utilizáveis e consistentes.
- Processos permanecem mesmo após a saída dos que a implementaram.
- A cultura organizacional transmite o processo.

Modelo de Qualidade de Processo de Software

- Um Processo de Software: série de **atividades** que garantem técnica e administrativamente que o software pode ser desenvolvido de maneira **organizada, disciplinada e previsível**.
- **Dificuldade** encontrada pelas empresas é o **gerenciamento** de seus processos de software.
- Um modelo de processo: **descreve formalmente** e de maneira organizada as atividades que devem ser seguidas para a **obtenção segura** de um produto de software.
- Escolha de um modelo **apropriado** às metas da organização e saber o **grau** que esse modelo será implementado.

5

Componentes Estruturais

■ Níveis de Maturidade

Níveis de maturidade representam um caminho para o processo de melhoria indicando quais áreas de processo devem ser implantadas para se alcançar cada nível, ilustrando a evolução da melhoria para toda a organização.

Experiência mostra que organizações trabalham melhor quando focam seus esforços de melhoria em um número gerenciável de áreas de processo que requerem esforço cada vez mais sofisticado à medida que a organização evolui. Os níveis de maturidade fornecem uma maneira de prever o desempenho da organização dentro de uma dada disciplina ou conjunto de disciplinas. São estágios evolutivos bem definidos em busca de um processo maduro. Cada nível estabelece uma parte importante do processo da organização. Nos modelos CMMI com representação em estágio, existem cinco níveis de maturidade designados pelos números de 1 a 5.

Níveis de Maturidade do Modelo CMMI

■ Áreas de Processo

Uma área de processo é um conjunto de práticas relatadas em uma área que, quando estabelecidas coletivamente, satisfazem um conjunto de metas consideradas importantes para se ter uma melhoria significativa naquela área. Áreas de processo descrevem aspectos chave de cada processo, mas não como um processo eficaz é executado (por exemplo, critérios de entrada e saída, regras de participantes e recursos), e sim como as organizações, usando um processo eficaz, fazem (práticas) e porque elas fazem (metas). Dentro de cada área existem metas genéricas e específicas como também práticas genéricas e específicas. O processo usado em uma organização depende de muitos fatores, incluindo domínio(s) de aplicação, estrutura e tamanho da organização. Em geral, as áreas de processo de um modelo CMMI não são mapeadas uma a uma com os processos da organização. Todas as áreas de processo do CMMI são comuns para ambas representações, contínua e em estágios.

Dentro de cada área de processo, primeiramente são listadas as metas e práticas específicas, seguidas pelas metas e práticas genéricas. A representação em estágio organiza as práticas genéricas em características comuns.

Metas Específicas: Metas específicas aplicam-se a uma área de processo e descrevem o que deve ser implementado para satisfazer a área de processo. São usadas em avaliações para ajudar a determinar se uma área de processo está estabelecida.

Componentes Estruturais

Práticas Específicas: Uma prática específica é uma atividade considerada importante no estabelecimento da meta específica associada. Descrevem as atividades esperadas para resultar no estabelecimento das metas específicas de uma área de processo.

Metas Genéricas: Metas genéricas são denominadas "genéricas" porque a mesma meta aparece em múltiplas áreas de processo. Na representação em estágios, cada área de processo possui apenas uma meta genérica. A satisfação de uma meta genérica para uma área de processo significa maior controle no planejamento e implantação dos processos associados a esta área, e assim, indica se estes processos serão eficazes, repetíveis e duradouros. São usadas nas avaliações para determinar se uma área de processo é satisfeita.

Características Comuns: Quatro características comuns organizam as práticas genéricas de cada área de processo. Cada uma é designada por uma abreviação como mostrado:

1. **Compromissos a Executar (CE):** inclui práticas que garantem que o processo está estabelecido e perdurará. Envolve estabelecimento de políticas e liderança organizacional;

2. **Habilidades a Executar (HE):** inclui práticas que estabelecem as condições necessárias para que o processo possa ser implementado completamente. Envolve planos, recursos, estruturas organizacionais e treinamento;

3. **Direcionando a Execução (DE):** inclui práticas que monitoram e controlam a execução do processo. Envolve a colocação dos produtos de trabalho identificados do processo sob gerência de configuração, o monitoramento e controle do desempenho do processo em relação ao plano e a tomada de ações corretivas;

4. **Verificando a Execução (VA):** inclui práticas que garantem conformidade com os requisitos da área de processo. Envolve revisões e auditorias.

Práticas Genéricas: Práticas genéricas fornecem institucionalização para assegurar que os processos associados com a área de processo sejam eficazes, repetíveis e duradouros. São categorizadas pelas metas genéricas e pelas características comuns.

Como todo modelo de sistema, as práticas especificam "o que" fazer; o que deve ser cumprido, exigindo documentos, treinamentos ou políticas definidas para as atividades, mas nunca especificam "como" elas devem ser implementadas. São independentes de qualquer implementação em particular e especificam as políticas fundamentais, procedimentos e atividades para cada PA. As práticas podem ter *sub práticas* que detalham o que se espera que seja implementado para a prática. As sub-práticas podem ajudar a determinar se as práticas estão implementadas satisfatoriamente.

Para fixar os conceitos citados, apresentaremos a ilustração a seguir:

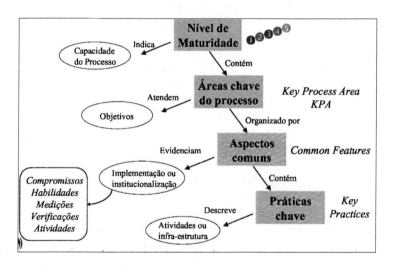

A figura seguinte representa o Esquema de estrutura do CMMI (Adaptado de [Paulk 93a]) e mostra uma parte da estrutura completa. Esta, por sua vez, é organizada de acordo com o esquema anterior que mostra a estrutura do CMMI adaptada de [Dymond95].

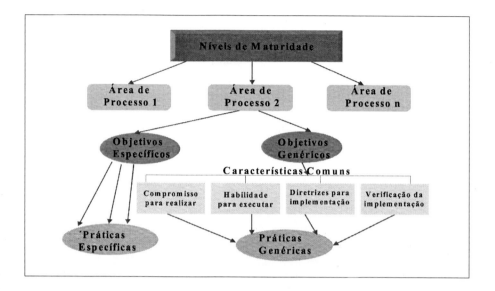

Correlação entre o CMMI e o CMM

Como podemos observar na ilustração anterior, as Práticas Chaves do CMM foram divididas, no CMMI, em Práticas Genéricas (para atender a Representação por Estágio) e Práticas Específicas (para atender a Representação Contínua). O mesmo se sucedeu em relação ao conceito de Metas (ou Objetivos) do CMM, que foram também divididas, no CMMI, em Metas Genéricas (para atender a Representação por Estágio) e Metas Específicas (para atender a Representação Contínua).

Podemos observar, também, a retirada da Atividade de Institucionalização denominada Análise e Medição, que no CMMI passou a ser uma área de processo, situada no nível 2.

Em relação à terminologia, chamamos a atenção para a denominação diferente também em relação ao item área de processo (ver tabela a seguir).

Para efeito de simplificação, utilizaremos, preferencialmente neste livro, a terminologia do CMMI.

90 CMMI ♦ Integração dos Modelos de Capacitação e Maturidade de Sistemas

CMMI	CMM
Meta Específica (ME)	Meta (ou objetivo)
Meta Genérica (MG)	Meta (ou objetivo)
Prática Específica (PE)	Prática Chave
Prática Genérica (PG)	Prática Chave
Área de Processo (PA)	Área Chave de Processo (Key Process Area – KPA)

A seguir apresentaremos uma tabela contendo os conceitos mencionados anteriormente, na versão do CMM, onde podemos observar a inclusão do item "medição e análise". Observe a similaridade dos dois modelos em relação aos demais conceitos.

Característica Comum	Descrição	Práticas-Base Relacionadas a
Compromisso para executar	Atitudes a serem tomadas pela organização para que o processo se estabeleça	Estabelecimento de políticas
Habilidade para executar	Pré-requisitos que devem existir na organização para implementação do processo	Alocação de recursos, definição da estrutura organizacional e devidos treinamentos
Diretrizes para implementação	Papéis e procedimentos necessários para implementar uma área de processo	Estabelecimento de planos, procedimentos, realização do trabalho e tomada de ações corretivas caso necessário.
Medições e análise	Necessidade de medir o processo e analisar medições (*promovida a PA no CMMI*)	Realização de medições para determinar o estado e a efetividade das atividades realizadas.
Verificação da implantação	Passos para garantir que as atividades sejam realizadas de acordo com o processo estabelecido	Revisão, auditoria e garantia de qualidade.

Para facilitar a visão, os conceitos acima, referentes ao modelo CMM, serão apresentados sob a forma de figuras. Observe a similaridade!

Componentes Estruturais

Nível

	Área Chave 1	Área Chave 2	...
Características Comuns		Indicam os grupos de questões que devem ser trabalhadas para se alcançar um determinado nível de maturidade.	
Compromissos	Pr	*Exemplo:*	
Habilitações	Pr	Áreas-chave do nível 2:	
Atividades	Pr	Gerência de Requisitos	
		Planejamento do Projeto	
Medições e Análise	Pr	Garantia de Qualidade	
Verificação da Implementação	Práticas-Chave	Práticas-Chave	...

Nível

	Área Chave 1	Área Chave 2	...
Características Comuns	**Metas**	**Metas**	...
Compromissos	Pr	Objetivos a serem alcançados pelo processo naquela área.	
Habilitações	Pr	São utilizadas para orientar as avaliações da implementação.	
Atividades	Pr	*Exemplo:*	
Medições e Análise	Pr	Área-chave: Planejamento do Projeto	
Verificação da Implementação	Pr	Meta 2: "As atividades e os compromissos do projeto são planejados e documentados"	

Nível

	Área Chave 1	Área Chave 2	...
Características Comuns	**Metas**	**Metas**	...
Compromissos	*Práticas-Chave*	*Práticas-Chave*	
Habilitações	Práticas-Chave	Práticas-Chave	

Descrevem as atividades que devem ser implementadas e que precisam estar em uso rotineiro para que as metas de uma determinada área-chave sejam alcançadas:

• São descritas de forma independente de qualquer implementação.

• Não impõem uso de nenhuma tecnologia específica.

• Indicam "O QUÊ" fazer sem estabelecer "COMO" fazer.

92 CMMI ◆ Integração dos Modelos de Capacitação e Maturidade de Sistemas

	Nível		
	Área Chave 1	**Área Chave 2**	**...**
Características	Metas	Metas	...
Comuns			
Compromissos	Classificam as práticas-chave de uma área-chave em:		
Habilitações	•Atividades: descrevem o que precisa ser feito para garantir a capacitação do processo.		
Atividades	•Infra-estrutura: formam a base para a institucionalização das práticas das atividades.		
Medições e Análise	Práticas-Chave	Práticas-Chave	...
Verificação da Implementação	Práticas-Chave	Práticas-Chave	...

	Nível	
	Classificação: infra-estrutura	
Características	Descrevem as ações a serem tomadas para assegurar que o processo se estabeleça e seja duradouro.	
Comuns		
Compromissos	Exige envolvimento da alta gerência para definição de políticas e de responsabilidades.	
Habilitações	*Exemplo:*	
Atividades	Área-chave: Planejamento do Projeto	
Medições e Análise	Compromisso 1: Um gerente de projeto é designado para ser o responsável pela negociação dos compromissos e pela elaboração do plano de desenvolvimento do projeto.	
Verificação da Implementação		

	Nível	
	Classificação: infra-estrutura	
	Descrevem as pré-condições que devem existir no projeto ou na organização para permitir a implementação adequada do processo.	
Características		
Comuns	Envolvem alocação de recursos, definição da estrutura organizacional, treinamento, etc.	
Compromissos		
Habilitações	*Exemplo:*	
Atividades	Área-chave: Planejamento do Projeto	
	Habilitação 4: Os gerentes, engenheiros de software e outros envolvidos no planejamento do projeto são treinados em estimativas e nos procedimentos de planejamento aplicáveis às suas áreas de	
Medições e Análise		
Verificação da Implementação	responsabilidade.	

Componentes Estruturais

Características Comuns	Classificação: atividade
Compromissos	Descrevem os procedimentos necessários para implementar uma área-chave.
Habilitações	Envolvem o estabelecimento de papéis, planos e procedimentos, a execução do trabalho em si e o acompanhamento do mesmo, e tomada de ações corretivas quando necessário.
Atividades	*Exemplo:* Área-chave: Planejamento do Projeto
Medições e Análise	Atividade 6: O plano de desenvolvimento de software é elaborado de acordo com um procedimento documentado.
Verificação da Implementação	Práticas-Chave	Práticas-Chave	...

	Nível		
	Área Chave 1	**Área Chave 2**	...

Classificação: infra-estrutura

Descrevem as medições em geral a serem realizadas com relação à área-chave e aos resultados das atividades.

Exemplo:

Área-chave: Planejamento do Projeto

Medição 1: Medições são feitas e utilizadas para determinar a situação das atividades de planejamento

Medições e Análise	Práticas-Chave	Práticas-Chave	...
Verificação da Implementação	Práticas-Chave	Práticas-Chave	...

Observe a insistência deste item no CMMI, que se transformou em uma PA

	Nível		
	Área Chave 1	**Área Chave 2**	...

Classificação: infra-estrutura

Descrevem os passos para assegurar que as atividades estão sendo executadas seguindo o processo estabelecido.

Envolvem atividades específicas de verificação, como revisões e auditorias.

Exemplo:

Área-chave: Planejamento do Projeto

Verificação 1: As atividades de planejamento de projeto são revisadas periodicamente por um gerente superior.

Verificação da Implementação	Práticas-Chave	Práticas-Chave	...

6

Definição, Objetivos e Vantagens de CMMI

O CMMI, assim como o CMM, não determina as atividades pertinentes a cada área de processo, não sugere possíveis indicadores e artefatos para a realização das mesmas e tem seu foco nas questões de gerenciamento de software. *Também não é um método.* Não estabelece ações específicas a serem seguidas à risca. *É um modelo* que precisa ser estudado, compreendido e adaptado às características de cada organização. Um *framework* que acomoda múltiplas disciplinas e é flexível o suficiente para suportar duas representações diferentes (de estágios e contínuo), uma para verificar o nível de maturidade dos processos e outra para verificar o nível de maturidade da organização em geral.

Reflete a experiência profissional adquirida e praticada ao longo de vários anos por uma quantidade expressiva de organizações e pessoas, ou seja, teve significativo tempo para ser examinado e avaliado na prática. E, por isso, pode ser visto como um guia para ajudar a organização a definir e melhorar o seu processo de desenvolvimento.

Não pretende resolver problemas. Ele propõe-se a ajudar pessoas e empresas a encontrar suas próprias soluções, adaptando o processo às características da empresa, ou seja, embora o CMMI requeira a documentação minuciosa do processo, ele *não tende à burocratização,* uma vez que propõe que o processo documentado seja adaptado às características da empresa e da categoria de software que desenvolve. No entanto, define *um conjunto de prioridades para atacar problemas de desenvolvimento de software e sistemas.* Por outro lado, *não é uma proposta de auto-ajuda.* É, sim, um modelo estabelecido em bases racionais e que requer, para obter sucesso, apoio da gerência executiva, um bom domínio do conhecimento, habilitação técnica, participação e esforço de todos os envolvidos.

Pode-se também entender a sua definição através da definição de paradigma. Essa palavra possui diversos significados distintos, mas um que se aproxima do significado aqui utilizado pode ser encontrado no dicionário Aurélio Século XXI:

> **Paradigma [Do grego parádeigma, pelo latim tard. pardígma] S.m.**
> Termo com o qual Thomas Kuhn designou as realizações científicas (p. ex., a mecânica de Newton ou a química de Lavoisier) que geram modelos que, por período mais ou menos longo e de modo mais ou menos explícito, orientam o desenvolvimento posterior das pesquisas exclusivamente na busca da solução para os problemas por elas suscitados.

Para o leitor que ainda não se sentiu satisfeito com essa definição, temos outra definição, ainda mais restrita e apropriada a esse contexto: *um paradigma é uma forma de abordar problema.* Como exemplo, considere a famosa história da maça caindo sobre a cabeça de Isaac Newton, citado na definição anterior. Em vez de pensar que somente a maça estava caindo sobre a Terra, Newton também considerou a hipótese de o próprio planeta também estar caindo sobre a maça! Essa outra maneira de abordar o problema pode ser vista como um paradigma.

Diversas organizações do mundo propuseram paradigmas para a melhoria dos processos dos setores produtivos; em particular, algumas desenvolveram paradigmas para a melhoria dos processos de software. Estes paradigmas podem assumir diversas formas. Interessa aqui, especialmente, os paradigmas do tipo **modelo de capacitação**. Um modelo de capacitação serve de referência para avaliar a maturidade dos processos de uma organização.

Visto como um modelo de capacitação particularmente importante para a área de software, pode-se dizer que o seu conceito envolve *uma nova forma de abordar o problema*. Tanto o CMM como o CMMI *diferem de outros modelos* devido à ênfase na *melhoria contínua de processos* através de avaliação não de certificação. O que é uma outra abordagem e justifica o uso do termo paradigma.

CMMI sob a Ótica de Modelo

Para evoluir o grau de competência e maturidade de uma organização é necessário um planejamento inicial. O equivalente ao projeto das plantas da engenharia civil, também deve ser realizado. **Esta necessidade leva ao uso de modelo.** Outra razão que nos leva a utilização de um modelo são as limitações no ser humano ao lidar com complexidade: modelos baseiam-se no denominado *Princípio da Abstração*, o qual advoga que só as características relevantes à resolução de um problema devem ser consideradas. Modelos revelam as características essenciais. Detalhes não relevantes e que só aumentariam a complexidade do problema podem ser ignorados.

Por Que Usar um Modelo?

- Modelos atuam como referência para a obtenção de níveis adequados de qualidade nos bens e serviços produzidos ou utilizados nas relações comerciais;
- Possibilitam uma linguagem comum;
- Padronizam os bens e serviços;
- Servem como apoio legal.

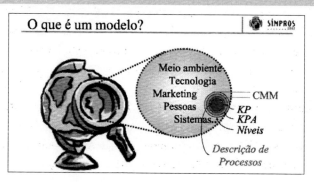

98 CMMI ♦ Integração dos Modelos de Capacitação e Maturidade de Sistemas

Modelos são representações do mundo real. O modelo não diz *como* implementar determinadas práticas, apenas *o que* deve ser feito. Cabe a cada organização determinar *como* desenvolver e manter processos, de modo que os requisitos do CMMI sejam satisfeitos. O CMMI é um modelo que auxilia na comunicação entre os envolvidos com atividades de Engenharia de Software e Engenharia de Sistemas, na medida em que estabelece uma linguagem comum de conceitos para falar do processo; diferindo de outros modelos pela sua ênfase na melhoria contínua de processos.

O CMMI é um modelo e como tal é uma simplificação da realidade. Portanto, existem benefícios e riscos.

Benefícios da melhoria baseada em modelo:
- ➤ Estabelece uma linguagem comum;.
- ➤ Constrói uma visão compartilhada;
- ➤ Constrói um conjunto de processos e procedimentos desenvolvidos com sugestões de uma ampla participação da comunidade de software;
- ➤ Oferece uma estrutura para se realizar avaliações confiáveis e consistentes e auxilia comparações em diversas empresas.

Riscos da melhoria baseada em modelo:
- ➤ Modelo é uma simplificação do mundo real e como tal não são suficientemente abrangentes;
- ➤ Interpretação e adaptação a situações particulares devem estar ajustadas aos objetivos do negócio.

Objetivos e Vantagens

De uma maneira sucinta, podemos definir os objetivos e vantagens do CMMI em relação ao CMM como:

OBJETIVOS

- ➤ Suprir as limitações do modelo original, com a criação de um framework comum, eliminando as inconsistências e permitindo a inclusão de novos modelos ao longo do tempo, sempre que surgirem necessidades específicas;

Definição, Objetivos e Vantagens de CMMI

- ➢ Preservar os investimentos já realizados pelos organismos governamentais, pelas empresas privadas, pelos fornecedores e pela indústria no processo de transição;
- ➢ Unificar os vários modelos CMM existentes;
- ➢ Implementar melhorias no SW-CMM a partir das experiências adquiridas com os projetos já realizados;
- ➢ Reduzir o custo do treinamento, das implementações de melhorias, da formação de avaliadores oficiais e das avaliações oficiais.

VANTAGENS

- ➢ Integrar as atividades de gerenciamento e de engenharia em suas metas de negócio;
- ➢ Ampliar o escopo e a visibilidade em todo o ciclo de vida dos produtos e atividades de engenharia, para permitir que os produtos ou os serviços atendam às expectativas dos clientes;
- ➢ Maior ênfase nas atividades de gerenciamento de riscos, gerenciamento de requerimento, rastreabilidade, medição e análise;
- ➢ Foco tanto em produtos, serviços e em processos, como na capacitação dos processos e na maturidade da organização.

Categorias dos Componentes do Modelo

Os componentes de um modelo CMMI são agrupados em três categorias que refletem como eles devem ser interpretados:

- ➢ **Componentes Requeridos**: metas específicas e genéricas são componentes requeridos do modelo. Estes componentes devem ser estabelecidos pelos processos planejados e implementados pela organização. São essenciais para avaliar a satisfação de uma área de processo. O estabelecimento (ou satisfação) das metas é usado em avaliações como base, sobre a qual a satisfação da área de processo e a maturidade organizacional são determinadas. Apenas a declaração das metas é um componente requerido do modelo, o título e qualquer nota associada são considerados componentes informativos do modelo;

100 CMMI ♦ Integração dos Modelos de Capacitação e Maturidade de Sistemas

> ➤ **Componentes Esperados**: práticas específicas e genéricas são componentes esperados do modelo. Estes componentes descrevem o que uma organização tipicamente irá implementar para satisfazer um componente requerido. Servem como guia para aqueles que implementam melhorias e ou executam avaliações. As práticas descritas, ou as alternativas aceitáveis para elas, têm sua presença esperada nos processos planejados e implementados da organização antes que as metas sejam consideradas satisfeitas. Apenas a declaração da prática é um componente esperado do modelo, o título e qualquer nota associada são considerados componentes informativos do modelo;

> ➤ **Componentes Informativos:** sub-práticas, produtos de trabalho típicos, particularidades da disciplina, elaborações de práticas genéricas, títulos, notas e referências são componentes informativos do modelo. Estes componentes ajudam o usuário do modelo a entender as metas e práticas e como elas podem ser estabelecidas; o fornecimento de detalhes o ajudará a começar a pensar em como estabelecer as práticas e metas.

Características comuns são componentes não classificados do modelo, apenas constituem um grupo que fornece uma maneira de apresentar as práticas genéricas.

Quando se usa um modelo CMMI como guia, processos são planejados e implementados em conformidade com os componentes esperados e requeridos das áreas de processo. Conformidade com uma área de processo significa que nos processos planejados e implementados existe um processo associado (ou processos) que endereça as práticas específicas e genéricas da área de processo, ou alternativas, que geram um resultado de acordo com a meta associada com aquela prática específica ou genérica.

A fim de fixar idéias e esclarecer dúvidas, reapresentaremos os conceitos, com outras palavras ...

O conteúdo do CMMI pode ser classificado como "requerido", "esperado" e "informativo". O material mais importante é "requerido". Estes itens são essenciais para o modelo e para o entendimento do que é necessário para a melhoria do processo e para a demonstração de conformidade com o modelo. Em segundo lugar têm-se os itens "esperados", que embora possam não estar

Definição, Objetivos e Vantagens de CMMI   **101**

presentes em uma organização, por não serem essenciais, são fortes indicadores de que um item "requerido" foi alcançado. Por fim, tem-se o material informativo que constitui-se em um guia para a implementação do modelo. Os únicos componentes requeridos do CMMI são os objetivos.

Quando um objetivo é específico de uma área de processo, é chamado de objetivo específico. Quando um objetivo pode ser aplicado em todas as áreas de processo, ele é chamado de objetivo genérico. Os componentes esperados do CMMI são as práticas. Cada prática está mapeada para apenas um objetivo. Quando uma prática é específica de uma área de processo, é chamada de prática específica. Quando uma prática pode ser aplicada em todas as áreas de processo, ela é chamada de prática genérica.

Um modelo em estágios fornece um roteiro predefinido para a melhoria de processos na organização baseado em um agrupamento e ordenação de processos. O termo "estágios" vem da forma como o modelo descreve este roteiro, isto é, como uma série de estágios chamados níveis de maturidade. Cada nível de maturidade tem um conjunto de áreas de processo que indicam onde a organização deve colocar o foco de forma a melhorar o seu processo. Cada área de processo é descrita em termos das práticas que contribuem para alcançar seus objetivos. O progresso ocorre pela satisfação dos objetivos de todas as áreas de processo relacionadas a um determinado nível de maturidade. As áreas de processo do CMMI estão organizadas em quatro níveis de maturidade na representação em estágios, pois o nível 1 não possui áreas de processo.

DIFERENÇA ENTRE MÉTODOS E FERRAMENTAS

Os métodos proporcionam os detalhes de como fazer para construir o software Estão presentes em todos os momentos do desenvolvimento:
- Planejamento e estimativa de projeto
- Análise de requisitos de software e de sistemas
- Projeto da estrutura de dados
- Algoritmo de processamento
- Codificação
- Teste
- Manutenção

As ferramentas dão suporte automatizado aos métodos:
- Existem atualmente ferramentas para sustentar cada um dos métodos.
- Quando as ferramentas são integradas é estabelecido um sistema de suporte ao desenvolvimento de software chamado *CASE - Computer Aided Software Engineering*.

Para Fixar Idéias

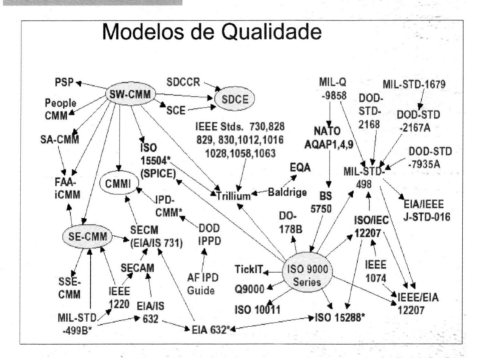

Definição, Objetivos e Vantagens de CMMI

Por que usar um modelo ?

- Modelos atuam como referência para a obtenção de níveis adequados de qualidade nos bens e serviços produzidos ou utilizados nas relações comerciais
- Possibilitam uma linguagem comum
- Padronizam os bens e serviços
- Servem como apoio legal.

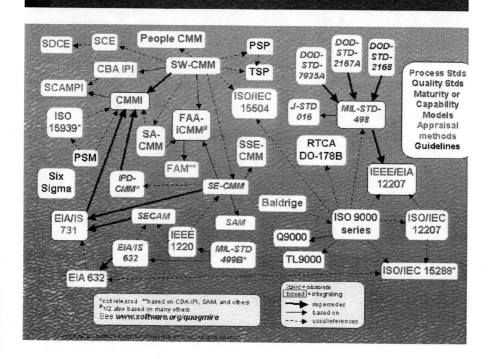

Visão Sistêmica do CMMI

Modelo de Capacidade de Processo

- "Repositório" de **boas (ou melhores) práticas**
- Define **medição** e roteiro seqüencial para a **melhoria**, baseado na **capacidade de processo**
- Define **"o que" (e "quão bem") deve ser feito**, não o "como" fazer
- **Independente da tecnologia** a ser utilizada
- Principais modelos de capacidade:
  SW-CMM, ISO/IEC 15504, CMMI, iCMM, MPS.BR, OPM3
- **Conceitos básicos:**
  – Área de Processo, Nível de Capacidade e
  – Perfil de Capacidade (ou Nível de Maturidade)

Capability Maturity Model Integration

 Nome de um projeto, de um framework de modelos e dos modelos deste framework

- Evolução e integração do SW-CMM e outros
- Modelos para avaliação e melhoria de processo
- Desenvolvido pelo *Software Engineering Institute*
- Versões 1.1 de 4 modelos lançadas em 2002
- Cada modelo disponivel em duas representações:
  – Estágio: Níveis de Maturidade com Áreas de Processo
  – Contínua: Áreas de Processos e Níveis de Capacidade

Definição, Objetivos e Vantagens de CMMI

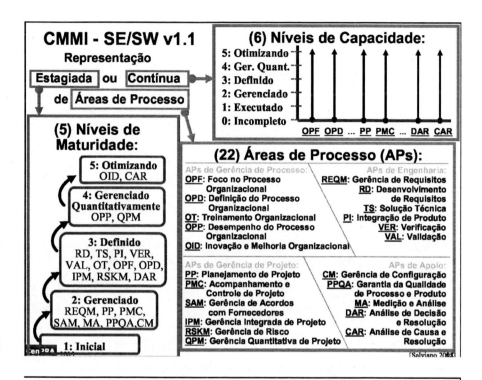

CMMI Nível 2: Gerenciado

Estabelece processos para Gerenciamento de Projetos

Processos podem ser diferentes entre projetos

Organização define políticas para os projetos

adaptado do ESI, 1998

Sete Áreas de Processo:

Gerência de Requisitos

Planejamento de Projeto

Acompanhamento e Controle de Projeto

Gerência de Configuração

Garantia da Qualidade de Produto e Processo

Medição e Análise

Gestão de Acordo com Fornecedores

106 CMMI ♦ Integração dos Modelos de Capacitação e Maturidade de Sistemas

Vantagens da representação por estágios

- Fornece um mapa para implementação:
  - grupos de áreas de processos
  - sequência da implementação
- Estrutura familiar para os que migram do SW-CMM.

Vantagens da representação contínua

- Maior flexibilidade para focar em áreas de processo específicas de acordo com as metas e objetivos de negócio.
- Estrutura familiar para os que migram da cominidade de engenharia de sistemas.

7
Detalhamento da Representação por Estágio

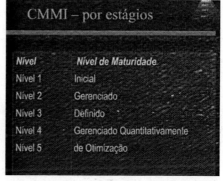

Conforme já foi visto, o caminho de melhoria do CMMI pode ser definido através de cinco **Níveis de Maturidade**, que caracterizam o nível de capacitação do processo da organização:

Nível	Nome do nível	Característica da Organização	Característica dos Processos
1	Inicial Repetitivo	Ad Hoc: não segue rotinas	Processo caótico
2	Definido	Possui controle básico: segue rotinas	Disciplinados
3	Gerenciado	Definição de processos: escolhe rotinas	Padronizados
4	Otimizado	Medida de processos: cria e aperfeiçoa rotinas	Previsíveis
5		Controle de processos: otimiza rotinas	Melhoria contínua

Visão Geral do CMM

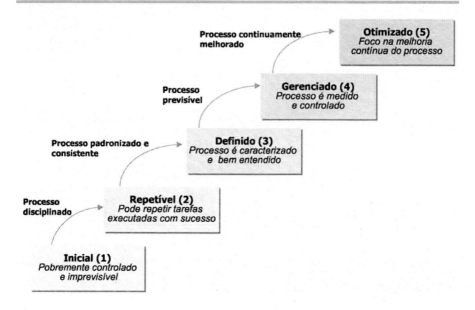

Os 5 Níveis de Maturidade

1	**Inicial** – O processo de software é caracterizado como "ad hoc" e ocasionalmente pode ser caótico. Poucos processos estão definidos e o sucesso depende de esforços individuais.
2	**Repetível** – Os processos básicos de gerenciamento estão estabelecidos para controlar custo, cronograma e funcionalidade. A disciplina necessária dos processos permite repetir o sucesso em outros projetos com aplicações similares.
3	**Definido** – O processo de software para as atividades de gerenciamento e de engenharia é documentado, padronizado e integrado em um processo padrão de software para a organização.
4	**Gerenciado** – Medições detalhadas do processo de software e da qualidade do produto são coletadas. Tanto o processo de software quanto o produto de software são quantitativamente entendidos e controlados.
5	**Otimizado** – A melhoria continua do processo é feita através do "feedback" quantitativo dos processos e das aplicações de novas idéias e tecnologias.

Nível 1 – Inicial

■ **Descrição de Cada Nível de Maturidade**

Em seguida detalharemos cada um dos Níveis de Maturidade

- O processo é informal e imprevisível, tanto positiva quanto negativamente.
- O desempenho é basicamente em função da competência e heroísmo das pessoas que fazem o trabalho.
- Alta qualidade e desempenho excepcional são possíveis, mas dependentes das pessoas.
- Os maiores problemas são gerenciais e não técnicos.

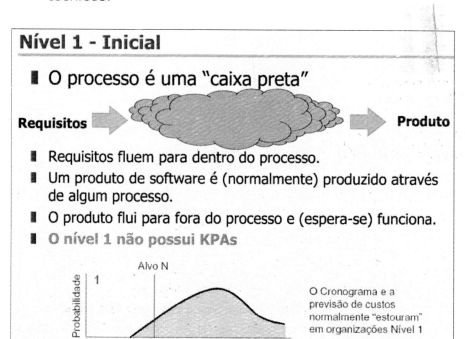

Nível 1 - Inicial

O processo de software é caracterizado como "ad hoc", e ocasionalmente também caótico. Poucos processos são definidos e o sucesso depende de esforços individuais e heróicos.

Visibilidade do processo:
- Estágios das atividades mal definido
- Dificuldade de visualizar e gerenciar o progresso e as atividades do projeto
- Os requisitos fluem no processo de uma forma não controlada e há um "produto" resultante
- O cliente somente verifica se os seus requisitos foram atendidos na entrega do produto

■ Caracterização

Processo imprevisível e quase sem controle:
- Não há processo.
- Não há controle.

"Onde está a maioria das empresas."

Mais detalhadamente:

Nível 1 – Inicial:

Neste nível os processos são geralmente caóticos. O processo de desenvolvimento de software pode ser visto como uma caixa preta, onde somente as entradas e os produtos finais podem ser observados com clareza.

Em geral as organizações que se encontram neste nível não apresentam um ambiente estável e se há sucesso é devido à competência e heroísmo das pessoas que nela trabalham e não devido ao uso de processos comprovados. Mesmo assim, essas organizações podem vir a produzir produtos e serviços que funcionem; entretanto, elas freqüentemente estouram prazos e custos previstos para o projeto. As organizações neste nível são caracterizadas pela tendência de: não cumprimento da agenda estabelecida; abandono dos processos

Detalhamento da Representação por Estágio **111**

em tempo de crise; e de não serem capazes de repetir sucessos passados. Os maiores problemas em uma organização que se encontra neste nível são de ordem gerencial e não técnica. O processo é para o gerente uma caixa preta na qual entram os requisitos e sai o produto.

CMM Nível 2 – Repetível

- Sistemas de gerenciamento de projetos em vigor.
- O desempenho é repetido.
- A necessidade predominante é estabelecer um gerenciamento eficaz de projeto de software.
- Processos de gerenciamento de software são documentados e acompanhados.
- O foco neste nível é mais voltado nos projetos do que na organização.
- Práticas bem sucedidas desenvolvidas em projetos anteriores podem ser repetidas.
- Políticas organizacionais orientam os projetos estabelecendo processos de gerenciamento.

- É importante observar que o nível 2 de maturidade tem por foco a melhoria dos processos de gerência de projetos e que o maior desafio que as organizações enfrentam para alcançar este nível de maturidade está relacionado com a mudança cultural e não com a implantação dos novos processos propriamente dito.
- Implementar mudanças no meio do projeto, sem que os novos processos estejam estáveis e que já tenha havido na organização uma sensibilização e comprometimento por parte da alta direção, do corpo gerencial e técnico pode ser muito arriscado e comprometer o sucesso do projeto.

CMM Nível 2 - Repetível

- O processo é um conjunto de "caixas pretas" com pontos de verificação definidos.

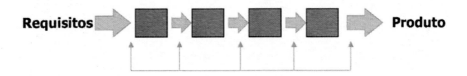

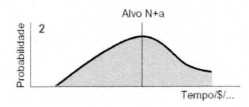

Os planos baseados na performance do passado são mais realistas em organizações Nível 2

Em Outras Palavras

Nível 2 - Repetível
Processos básicos de gerenciamento de projetos são estabelecidos para monitoramento de **custo**, **prazo** e **funcionalidade**.
A necessária disciplina do processo é adequada para repetir sucessos anteriores em projetos com aplicações similares.
Visibilidade do processo:
- Requisitos do cliente e produtos do trabalho são controlados
- O controle gerencial permite a visibilidade em ocasiões definidas
- O processo de desenvolvimento de software permite o gerenciamento entre pontos de transição ("*milestones*")
- O cliente pode analisar o produto durante o processo de software (*checkpoints*)

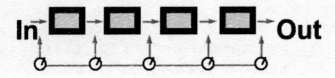

CARACTERIZAÇÃO: DESENVOLVIMENTOS BEM SUCEDIDOS PODEM SER REPETIDOS

Mais detalhadamente:

Nível 2 – Gerenciado

No lugar de uma caixa preta, neste nível encontramos uma seqüência de caixas pretas.

As organizações neste nível estabeleceram todas as metas específicas e genéricas das áreas de processo do nível 2. Este nível é caracterizado pela existência de planejamento e gerenciamento do projeto, em que os controles sobre os procedimentos, compromissos e atividades são bem fundamentados, ou seja, os projetos da organização asseguraram que os requisitos são gerenciáveis e que processos são planejados, executados, medidos, e controlados.

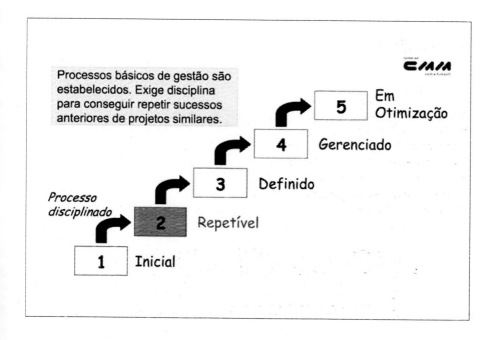

Um dos objetivos deste nível é a institucionalização dos processos para o projeto, possibilitando que as organizações repitam as práticas bem sucedidas desenvolvidas em projetos anteriores. O processo disciplinado, conseqüência do nível 2, ajuda a garantir que as práticas existentes serão mantidas durante os tempos de crise. Quando estas práticas estão estabelecidas, projetos são executados e gerenciados de acordo com seus planejamentos. Neste nível, requisitos, processos, produtos de trabalho e serviços são controlados. O *status* dos produtos de trabalho e a entrega de serviços são visíveis para controle em pontos definidos (por exemplo, nos principais eventos do desenvolvimento e na conclusão das principais tarefas). Compromissos são estabelecidos entre os stakeholders relevantes e revisados quando necessário. Produtos de trabalho são revisados com os stakeholders e controlados. Os produtos de trabalho e serviços satisfazem seus requisitos, padrões e objetivos especificados.

CMM Nível 3 – Definido

CARACTERIZAÇÃO: PROCESSO DE DESENVOLVIMENTO DEFINIDO E SATISFATORIAMENTE ENTENDIDO

No nível 3
A organização interna das tarefas estará definida e visível:
"A caixa-preta passa a ser caixa aberta".

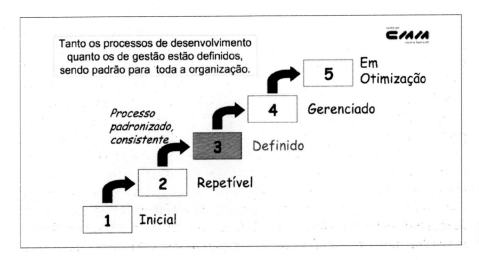

Detalhamento da Representação por Estágio **115**

O processo de software para as atividades de gerenciamento e engenharia é **documentado, padronizado** e **integrado** no âmbito da organização e todos os projetos são adaptados deste processo.
<u>Visibilidade do processo</u>:
•As atividades no processo definido de projeto de software são visíveis
•Gerentes e engenheiros entendem suas atividades e responsabilidades no processo
•Gerenciamento preparado pró-ativamente para possíveis riscos
•O cliente pode obter status atualizado, rapidamente e corretamente, com detalhe entre as atividades

No nível 3 cada caixa-preta passa a ser uma caixa aberta

As organizações neste nível estabeleceram todas as metas específicas e genéricas das áreas de processo listadas pelo nível 2 e nível 3. Processos são bem definidos e compreendidos, descritos em padrões, procedimentos, ferramentas e métodos. O conjunto de processos padrões, que são a base para o nível 3, é estabelecido, melhorado com o tempo e usado para estabelecer consistência. Projetos estabelecem seus processos (processos definidos) adaptando o conjunto de processos padrão de acordo com diretrizes de adaptação. A gerência estabelece objetivos dos processos baseada no conjunto de processos padrão da organização e garante que estes objetivos são apropriadamente endereçados. Uma distinção crítica entre o nível 2 e o nível 3 é o escopo dos padrões, descrições de processos, e procedimentos. No nível 2, os padrões, as descrições de processo e os procedimentos podem ser completamente diferentes em cada instância específica do processo (por exemplo, em um projeto particular). No nível 3, os padrões, as descrições de processos e os procedimentos para um projeto particular são adaptados a partir do conjunto de processos padrão da organização. O conjunto de processos padrão inclui os processos endereçados pelo nível 2 e pelo nível 3. Como resultado, os processos que são executados, são consistentes exceto pela diferenças permitidas pelas diretrizes de adaptação. Outra distinção é que no nível 3 os processos são tipicamente descritos com mais detalhes e rigor que no nível 2. No nível 3, processos

116 CMMI ♦ Integração dos Modelos de Capacitação e Maturidade de Sistemas

são controlados de maneira mais fluente devido à compreensão do inter-relacionamento das atividades do processo e medidas detalhadas do processo, de seus produtos de trabalho e de seus serviços.

Esse nível de organização requer o domínio das seguintes áreas de processo:

- ➢ estabelecimento formal de um grupo de engenharia de processos de software, responsável pelas atividades de desenvolvimento, melhoria e manutenção de processos de software;
- ➢ estabelecimento de um programa de treinamento em processos de software, no nível da organização;
- ➢ gestão integrada dos projetos, baseada nos processos definidos para os projetos, com o uso de procedimentos documentados para gestão de tamanho, esforço, prazo e riscos;
- ➢ padronização no nível da organização dos métodos de engenharia de produtos de software, abrangendo engenharia de requisitos, testes, desenho, codificação e documentação de uso;
- ➢ coordenação entre os grupos que participam de projetos de sistemas, no nível da organização;
- ➢ coordenação de revisões técnicas no nível da organização;
- ➢ estabelecimento de um *processo padrão de software* ([1]), no nível da organização, a partir do qual devem ser derivados os *processos definidos de software* para os projetos([2]).

(1) PROCESSO DE SOFTWARE PADRÃO DA ORGANIZAÇÃO

Definição de um processo básico que guia o estabelecimento de um processo de software comum a todos os projetos de software da organização.

(2) PROCESSO DE SOFTWARE DEFINIDO DO PROJETO

Definição do processo de software usado por um determinado projeto, que é desenvolvido a partir da adaptação do processo de software padrão da organização, de maneira a se adequar às características específicas do projeto.

Nível 4 – Gerenciado

Nível 4 - Gerenciado
Medições detalhadas do processo de software e qualidade do produto são coletadas. Ambos são qualitativamente entendidos e controlados.
Visibilidade do processo:
• O processo de software é medido e controlado fornecendo aos gerentes condições de avaliar seu progresso e possíveis problemas
• Gerentes possuem uma base de dados para a tomada de decisões
• A habilidade de prever resultados é maior e a variabilidade do processo é menor
• O cliente pode estabelecer um entendimento quantitativo da capacidade do processo e riscos antes do projeto iniciar.

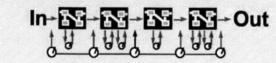

CARACTERIZAÇÃO: PROCESSO MEDIDO E CONTROLADO.

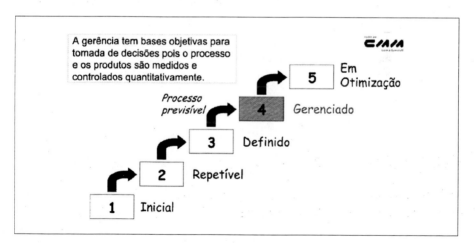

Nível 4 – Quantitativamente Gerenciado

As organizações neste nível estabeleceram todas as metas específicas das áreas de processo listadas pelo nível 2, nível 3 e nível 4 e as metas genéricas listadas pelo nível 2 e nível 3. Sub-processos são selecionados, o que contribui significativamente para o desempenho do processo total.

Esses sub-processos são controlados por técnicas quantitativas e estatísticas. Objetivos quantitativos para o desempenho da qualidade e do processo, baseados nas necessidades dos clientes, dos usuários finais, da organização e dos implementadores do processo, são estabelecidos e usados como critérios no gerenciamento dos processos. O desempenho da qualidade e do processo é compreendido em termos estatísticos e controlado por toda a vida dos processos. Para estes processos, medidas detalhadas de desempenho são coletadas e estatisticamente analisadas; causas especiais de variação são identificadas e tratadas para prevenir ocorrências futuras. Medidas do desempenho da qualidade e do processo são incorporadas pela organização, assim a gerência tem base objetiva para a tomada de decisão e é capaz de prever o desempenho dentro de limites quantificados; dados coletados sobre a produtividade e qualidade dos processos definidos dos projetos permitem que a organização defina metas quantitativas de qualidade. A organização começa a aplicar métricas de controle de qualidade. O controle é adquirido através da diminuição da variação do desempenho para dentro de limites quantitativos aceitáveis. Com o conhecimento do produto, a organização vai removendo fontes de comprometimento da qualidade final, o que proporciona um controle estatístico da qualidade. Uma distinção crítica entre o nível 3 e o nível 4 é capacidade de previsão do desempenho do processo. No nível 4, o desempenho dos processos é controlado usando técnicas estatísticas e quantitativas, e é quantitativamente previsível. No nível 3, os processos são previsíveis apenas qualitativamente.

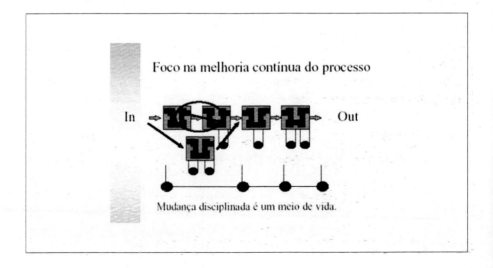

Detalhamento da Representação por Estágio 119

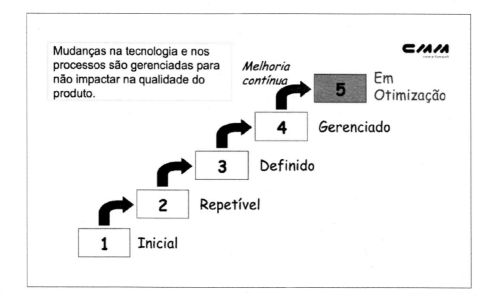

Nível 5 - Otimizado

Nível 5 - Otimização
Processo contínuo de melhoria é possível pelo *feedback* quantitativo do processo e da condução de idéias inovadoras e tecnológicas.
Visibilidade do processo:
• Melhoria contínua do processo objetivando produtividade e qualidade.
• Gerentes são aptos a estimar e monitorar a eficácia da mudanças
• Forte relação de parceria com cliente.

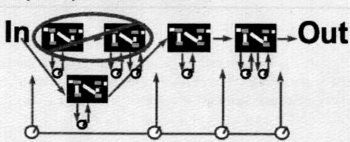

Caracterização: Foco na melhoria de processo.

Nível 5 – Otimizado:

As organizações neste nível estabeleceram todas as metas específicas das áreas de processo listadas pelo nível 2, nível 3, nível 4 e nível 5 e as metas genéricas listadas pelo nível 2 e nível 3. Este nível é caracterizado pela existência de processos com contínua melhoria; toda a organização esta voltada para a melhoria contínua do processo. Processos estão continuamente sendo melhorados, baseados no entendimento quantitativo das causas comuns de variação inerente aos processos; são avaliados para prevenir defeitos e as lições aprendidas disseminadas para outros projetos. As tecnologias de maior retorno são selecionadas para serem introduzidas de maneira gerencial na organização. Objetivos quantitativos para o processo de melhoria são estabelecidos, continuamente revisados para refletir mudanças e usados como critérios no controle do processo de melhoria. Os resultados do processo de melhoria são medidos e avaliados de encontro aos objetivos quantitativos do processo.

Processos otimizados dependem da participação alinhada dos funcionários com os valores e objetivos de negócio da organização. A habilidade de organização de responder rapidamente às mudanças e às oportunidades é aumentada, encontrando maneiras de acelerar e compartilhar aprendizado. A melhoria dos processos é parte inerente do trabalho de todos, resultando em um ciclo de melhoria contínua. Uma distinção crítica entre o nível 4 e o nível 5 de maturidade é o tipo de variação de processo tratada. No nível 4 da maturidade, os processos tratam as causas especiais da variação de processo e fornecem previsão estatística dos resultados. Embora os processos possam produzir resultados previsíveis, estes podem ser insuficientes para alcançar os objetivos estabelecidos. No nível 5, os processos tratam as causas comuns da variação do processo, mudando-o para melhorar seu desempenho e alcançar os objetivos quantitativos estabelecidos pelo processo de melhoria. Generalizando, neste nível foi atingido o nível de excelência.

Nas organizações imaturas não há responsáveis pela melhoria do processo, as organizações maduras, por outro lado, têm normalmente, uma participação de 70% a 80% das pessoas nas atividades de melhoria a qualquer momento. Esta alta participação das pessoas nas organizações maduras difere da dependência que existe nas organizações caóticas em relação aos seus funcionários. Nas organizações maduras os processos estão implantados e as pessoas são inseridas neles.

Nas organizações caóticas, não existem processos, existem pessoas que executam as atividades de acordo com suas habilidades, não há nenhuma definição de processo, elas realizam as tarefas como puro ato heróico. Os gerentes não têm noção do que está sendo feito e de como o produto está sendo gerado.

No nível otimizado, a organização inteira está voltada para o processo de melhoria contínua. As inovações que exploram as melhores práticas são identificadas e disseminadas por toda a organização:

> **Prevenção de Defeitos:** a organização tem meios para identificar fraquezas e fortalecer o processo de forma pró-ativa, prevenindo à ocorrência de defeitos;
> **Gerenciamento de Mudança Tecnológica:** os dados de efetividade do processo são usados para realizar análise de custo/benefício em novas tecnologias;
> **Gerenciamento de Mudança no Processo:** as inovações que exploram as melhores práticas são identificadas e disseminadas por toda a organização.

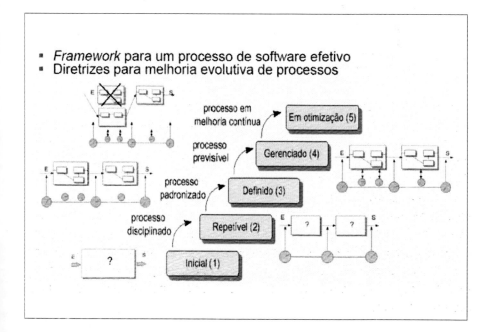

Evolução do processo – por estágio

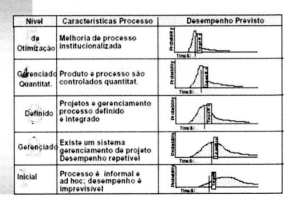

Níveis de maturidade

"Os processos básicos de gerência de projetos estão estabelecidos para acompanhar custos, cronograma e funcionalidades."

Relação de custo - tempo - performance

- Nas organizações que se encontram no nível 1, os objetivos geralmente são amplamente excedidos pela realidade.
- Nas organizações que se encontram no nível 2, se estabelecem objetivos mais acordes à realidade.
- Nas organizações que se encontram os niveis 3, 4, e 5, existe uma menor dispersão da realidade com respeito aos objetivos, e a performance melhora com cada nível.

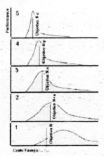

Detalhamento da Representação por Estágio **123**

Comparação Visual Sistêmica entre os Níveis

Nível 1
- O processo é caracterizado como *Ad Hoc*, e ocasionalmente até mesmo caótico.
- Poucos processos são definidos e o sucesso depende de esforços individuais e heróicos.

Nível 2

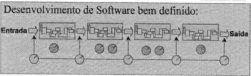

- **Processo** de construção de software consiste de uma série de **caixas pretas** com **pontos de verificação** definidos

Nível 3

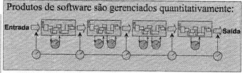

- **Funções e responsabilidades** no processo são bem entendidas
- A produção do produto de software é **visível** no **processo**.

Nível 4

Produtos de software são gerenciados quantitativamente:

- **Gerência** tem **bases objetivas** para tomada de decisões
- A gerência é capaz de **prever o desempenho** dentro de limites qualificados

Nível 5

Foco na melhoria contínua do processo
- Mudança disciplinada é um meio de vida

Para Fixar Idéias

CMM
Capability Maturity Model

- Os **5 níveis** descrevem **fundamentos** para **melhoria contínua** e definem uma **escala ordinal** para **medir a maturidade** de um processo de uma organização.
- As **vantagens** dos níveis é que fornecem **prioridades claras**, que orientam as **atividades de melhoria**.
- **Importância**: As organizações podem focar somente **algumas atividades** de melhorias **de cada vez**.

CMM

Níveis não podem ser omitidos
- Processos de altos níveis podem ser realizados por organizações de níveis 1.
- Competência é construída por estágios.
- Cada nível oferece um fundamento necessário para melhorias do nível seguinte.
- Sem disciplina de gerenciamento, o processo é sacrificado.
- Medidas detalhadas são inconsistentes sem um processo definido.
- O efeito de inovação no processo não é claro em processos cheios de "ruído".

CMM – O modelo em si

- Bastante abstrato, pois **não diz como** o processo é implementado.
- Descreve apenas **o que** normalmente se **espera** de um processo de software.
- Descreve **atributos essenciais** (ou *Chaves*) que caracterizam uma organização em um particular **nível de maturidade**.

CMM – O modelo em si

- O CMM pode ser usado com diferentes objetivos:
  - Identificar pontos fracos e fortes na organização.
  - Identificar riscos ao selecionar sub-contratados.
  - Entender as atividades necessárias para iniciar um programa de melhoria no processo de desenvolvimento de software.

Detalhamento da Representação por Estágio **125**

Resumo dos Níveis Maturidade

Nível 1 – INICIAL

O processo não está documentado e usualmente sequer existe. O sucesso depende de esforços individuais.

Caracterização:

- ➢ Ferramentas são usadas ao acaso ou por iniciativa pessoal;
- ➢ Metodologias são praticadas informalmente;
- ➢ Coleta e análise de dados é _ad-hoc_.

Tipo de Capacitação:

- ➢ Processo _Ad Hoc._

Nível 2 - REPETITIVO

Estão estabelecidos processos básicos de gerência de projeto para planejar e acompanhar custos, prazos e funcionalidades. Compromissos são firmados, gerenciados e sucessos podem ser repetidos.

Caracterização:

- ➢ Gerência de Projetos estabelecida;
- ➢ Processo organizado;
- ➢ Alguns procedimentos técnicos escritos;
- ➢ Acompanhamento da qualidade;
- ➢ Gerência de configuração inicial;
- ➢ Compromissos são firmados e gerenciados;
- ➢ Requisitos são gerenciados.

Tipo de Capacitação:

- ➢ Processo Disciplinado.

Nível 3 – DEFINIDO

Tanto para as atividades de gerência básica como para as de engenharia de software, o processo de software é documentado, padronizado e integrado num processo único, chamado Processo de Software Padrão da Organização. Todos os projetos usam uma versão deste processo, adaptada às características específicas do projeto, contemplando o desenvolvimento e a manutenção do software. Esta versão é conhecida como Processo de Software Definido do Projeto.

CARACTERIZAÇÃO:

- ➤ Processos gerenciais e técnicos básicos bem definidos;
- ➤ Possibilidade de avaliação do processo;
- ➤ Ferramentas e metodologias padronizadas;
- ➤ Medições iniciais de desempenho;
- ➤ Inspeções e auditorias rotineiras.
- ➤ Testes padronizados;
- ➤ Gerência de configuração generalizada;
- ➤ Evolução controlada dos processos básicos técnicos e gerenciais.

TIPO DE CAPACITAÇÃO:

- ➤ Processo Padronizado e Consistente.

Nível 4 – GERENCIADO

São coletadas medições detalhadas do processo de software e da qualidade dos produtos. São gerados relatórios estatísticos. O processo e os artefatos de software são avaliados quantitativamente e são também controlados.

CARACTERIZAÇÃO:

- ➤ Está estabelecido e em uso rotineiro um programa de medições;
- ➤ Está estabelecido um grupo de garantia da qualidade;
- ➤ A qualidade é planejada;
- ➤ A qualidade é rotineiramente avaliada (quantificada) e aprimorada.

Detalhamento da Representação por Estágio

TIPO DE CAPACITAÇÃO:

➤ Processo Previsível.

Nível 5 – OTIMIZADO

É realizada rotineiramente a melhoria do processo como um todo. São realizados projetos piloto para a absorção e internalização de novas tecnologias.

CARACTERIZAÇÃO:

➤ Alto nível de qualidade é alcançado rotineiramente;
➤ Melhoria contínua;
➤ Alto nível de satisfação dos clientes.

TIPO DE CAPACITAÇÃO:

➤ Processo em Melhoria Contínua.

Nível	Resumo dos Objetivos das Áreas de Processo por Nível de Maturidade
1	Não possui Áreas de Processo (PA).
2	Estabelecer controles básicos de gerência.
3	Fundir as ações técnicas e gerenciais em um único processo.
4	Entender quantitativamente o processo de software, bem como os artefatos produzidos.
5	Manter, de maneira contínua, a melhoria do processo.

8

Introdução do Modelo de Processo do Software Brasileiro (mpsBr)

Recapitulando

Metas (objetivo) caracterizam a intenção, o conteúdo, o escopo e os limites de cada PA. São usadas para determinar se a organização ou o projeto efetivamente implantou as PAs. Por exemplo, podemos citar que uma das metas da PA nível 2, Planejamento de Projeto de Software, é Documentar as estimativas de software a serem usadas no planejamento e acompanhamento do projeto de software.

Áreas de Processo são os itens a serem focados pela organização para melhoria do seu processo.

"Visão Geral das Áreas de Processo por Níveis de Maturidade"

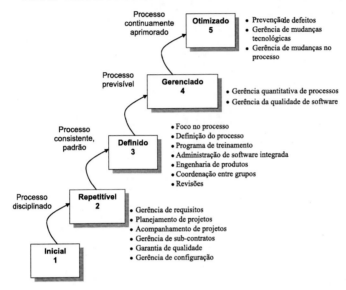

Nesta seção, primeiramente, serão apresentadas as principais características do Modelo de Processo do Software Brasileiro (mpsBr),

Resumo

Estudos sobre a qualidade no setor de software brasileiro mostraram a necessidade de um esforço significativo capaz de aumentar a maturidade dos processos de software das empresas brasileiras. Fundamentalmente, o projeto visa a criação e disseminação do Modelo de Referência para melhoria de processo de software (MRmps) e a melhoria de processos de software em empresas brasileiras, a um custo acessível, especialmente na grande massa de micro, pequenas e médias empresas. Não é objetivo deste projeto definir algo novo no que se refere a normas e modelos de maturidade. A novidade do projeto está na estratégia adotada para sua implementação, criada para a realidade brasileira e *se propõe a melhorar radicalmente os processos de software no Brasil, com foco em um número significativo de empresas, de forma que estas atinjam os níveis de maturidade 2 e 3, a um custo acessível.*

Introdução do Modelo de Processo do Software Brasileiro **131**

Na nossa ótica, o diferencial dessa abordagem é apresentar, principalmente, a possibilidade de se utilizar estratégias tipo "mini-avaliações", como passo preparatório para uma avaliação CMMI. Caso a empresa esteja buscando a melhoria de processos, este modelo pode facilitar a adoção das práticas. Na essência, houve uma reorganização dos níveis 2 e 3 com a inclusão de estágios intermediários (algo como um nível 2,5 e outro 3,5, além dos 5 níveis já previstos no CMMI). O Modelo de Processo do Software Brasileiro tem 7 níveis (aqui podemos fazer uma analogia com uma "escada com mais degraus"), para facilitar ainda mais a passagem entre os níveis de maturidade. É importante salientar que as práticas destes níveis são exatamente as mesmas do CMMI. (ver artigo na integra no anexo 3)

Nas páginas subseqüentes serão apresentadas:
- ➢ A descrição resumida da proposta do mpsBr, tendo como referencial o modelo CMMI;
- ➢ As Metas das Áreas de Processo para cada nível de maturidade, em relação ao CMM e o mpsBr *(onde os processos extintos no mpsBr foram clareados ou simplesmente omitidos)*;
- ➢ O seu mapeamento para o CMMI.

MODELO DE REFERÊNCIA PARA MELHORIA DE PROCESSO DE SOFTWARE

O Modelo de Referência para melhoria de processo de software (MRmps) compreende níveis de maturidade e um método de avaliação

NÍVEIS DE MATURIDADE

Como já vimos, os níveis de maturidade estabelecem uma forma de prever o desempenho futuro de uma organização com relação a uma ou mais disciplinas. Um nível de maturidade é um patamar definido de evolução de processo. Cada nível de maturidade estabelece uma parte importante do processo da organização. No MRmps a maturidade de processo está organizada em duas dimensões: a **dimensão capacidade** (*capability dimension*) e a **dimensão processo** (*process dimension*). A dimensão da capacidade é um conjunto de atributos de um processo que estabelece o grau de refinamento e institucionalização com

132 CMMI ♦ Integração dos Modelos de Capacitação e Maturidade de Sistemas

que o processo é executado na organização. À medida que evolui nos níveis, um maior ganho de capacidade para desempenhar o processo é atingido pela organização. Os níveis estabelecem uma maneira racional para aprimorar a capacidade dos processos definidos no MRmps.

A dimensão de Processos é baseada na ISO/IEC 12207 e estabelece o que a organização deveria executar para ter qualidade na produção, fornecimento, aquisição e operação de software. A interseção dessas duas dimensões define a maturidade do processo que no MRmps apresentam-se em sete níveis:

A (Em Otimização);
B (Gerenciado Quantitativamente);
C (Definido);
D (Largamente Definido);
E (Parcialmente Definido);
F (Gerenciado) e
G (Parcialmente Gerenciado).

Para cada um destes níveis de maturidade foram atribuídas áreas de processo, com base nos níveis 2, 3, 4 e 5 do CMMI em estágios. Esta divisão tem uma gradação diferente do CMMI em estágios com o objetivo de possibilitar uma implementação mais gradual e adequada às micro, pequenas e médias empresas brasileiras. A possibilidade de se realizar avaliações considerando mais níveis permite uma visibilidade dos resultados de melhoria de processo, na empresa e no país, com prazos mais curtos. Para cada área de processo são considerados objetivos e práticas específicos, de acordo com o Nível de Maturidade em questão.

MÉTODO DE AVALIAÇÃO

A avaliação das organizações segundo o MRmps deverá ser realizada considerando-se a aderência às áreas de processo estabelecidas para cada nível de maturidade e a adequação das práticas que implementam as áreas de processo. O método de avaliação foi definido com base na ISO/IEC 15504.

O nível de implementação das práticas relacionadas a uma área de processo é avaliado a partir de Indicadores. Estes indicadores, que devem ser definidos pela empresa para cada prática relacionada a uma área de processo,

Introdução do Modelo de Processo do Software Brasileiro **133**

podem ser de um dos três tipos a seguir: Direto, Indireto ou Afirmação. Indicadores Diretos são produtos intermediários, resultado de uma atividade. Indicadores Indiretos são, em geral, documentos que indicam que uma atividade foi realizada. Afirmações são resultantes de entrevistas com a equipe dos projetos avaliados, onde os entrevistados relatam como uma prática foi implementada. O nível de implementação de uma prática é avaliado de acordo com quatro níveis:

TI – Totalmente Implementada;
LI – Largamente Implementada;
PI – Parcialmente Implementada, e,
NI – Não Implementada.

Uma empresa é considerada de nível A, B, C, D, E, F ou G se todas as suas áreas, unidades, visões ou setores tiverem sido avaliados como naquele nível. Uma empresa, entretanto, pode desejar ter avaliado apenas um ou alguns de seus setores, áreas, unidades ou divisões (organização a ser avaliada).

É possível que, como resultado de uma ou mais avaliações, partes de uma empresa tenham alcançado um determinado nível e partes da mesma um outro nível. Em qualquer caso, o documento comprobatório da avaliação deverá explicitar o que foi objeto de avaliação (escopo da avaliação) e o nível resultante de maturidade.

Para realização de uma avaliação devem ser submetidos todos os projetos concluídos e todos os projetos em andamento a partir da implementação MRmps na empresa ou na organização que será avaliada. Durante o planejamento da avaliação, a instituição avaliadora deve selecionar um subconjunto suficiente de projetos que garanta a representatividade da organização a ser avaliada. Este número, entretanto, não deve ser inferior a dois projetos concluídos e dois projetos em andamento. Algumas empresas podem desenvolver um único produto. Isto entretanto não é impedimento para a avaliação, pois projetos são entendidos em sentido amplo, incluindo projetos de manutenção no produto. O resultado de uma avaliação tem validade de dois anos.

■ Metas das Áreas de Processo por Nível de Maturidade

Em tempo:
Observe no mpsBr, a preocupação exclusiva com gerência no Nível 2.

Isto ocorre porque, segundo o próprio CMMI/ CMM, aspectos gerenciais são os problemas mais imediatos na grande maioria das organizações e, além disso, a solução de problemas técnicos pouco ajuda se os problemas gerenciais básicos não tiverem sido equacionados

Gerência de Requisitos

■ Estabelecer um entendimento comum entre o cliente e a equipe do projeto de software dos requisitos do cliente que serão abordados.

■ Metas:
  I Documentar e controlar os requisitos do cliente.
  I Planos, produtos e atividades são mantidos consistentes com os requisitos.

CMMI

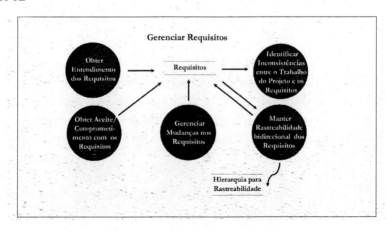

Introdução do Modelo de Processo do Software Brasileiro   135

Maiores Informações sobre mpsBr

Processo de Software no Brasil: Empresas com ISO 9000 e CMM

	1997	1999	2001	2003
Certificação ISO 9000	102	206	167	214
Avaliação CMM (total)	1	2	6	30
Nível 5	-	-	-	-
Nível 4	-	-	-	1
Nível 3	1	1	4	5
Nível 2	-	1	2	24

 MPS.BR – Melhoria de Processo do Software Brasileiro

Processo de Software no Brasil: Empresas com CMM e CMMI 5/2005

CMM	CMMI
Nível 2: 33	Nível 2: 3
Nível 3: 10	Nível 3: 1
Nível 4: 0	Nível 4: 0
Nível 5: 1	Nível 5: 2

MPS.BR – Melhoria de Processo do Software Brasileiro

Níveis de Maturidade MR-MPS

A — Inovação e Implantação na Organização / Análise e Resolução de Causas

B — Desempenho do Processo Organizacional / Gerência Quantitativa do Projeto

C — Análise de Decisão e Resolução / Gerência de Riscos

D — Desenvolvimento de Requisitos / Solução Técnica / Integração do Produto / Instalação do Produto / Liberação do Produto / Verificação / Validação

E — Treinamento / Avaliação e Melhoria do Processo Org. / Definição do Processo Org. / Adaptação do Processo para Gerência de Projeto

F — Medição / Gerência de Configuração / Aquisição / Garantia da Qualidade

G — Gerência de Requisitos / Gerência de Projeto

Os 7 Diferenciais do MR mps

- 7 níveis de maturidade do MR mps permitem:
  - uma implementação gradual, adequada à micro, pequena e média empresa
  - aumentar a visibilidade do processo de melhoria
- Compatibilidade plena com CMMI e SPICE (2 em 1)
- Criado para a realidade da empresa Brasileira (foco na micro, pequena e média empresa de softtware)
- Custo acessível (em R$)
- Avaliação periódica das empresas (de 2 em 2 anos)
- Grande potencial de replicabilidade no Brasil (e de exportação de serviços com alto VA)
- Definição, implementação e avaliação do MR mps em empresas baseada em forte interação Universidade-Empresa, o que constitui um catalizador do desenvolvimento tecnológico e de negócios

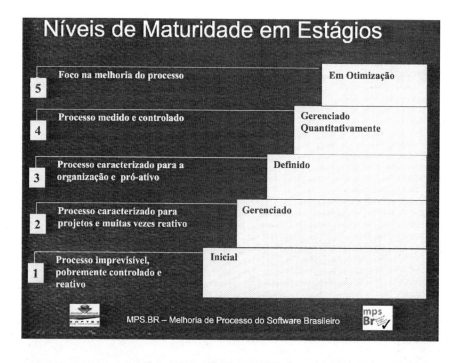

138 CMMI ♦ Integração dos Modelos de Capacitação e Maturidade de Sistemas

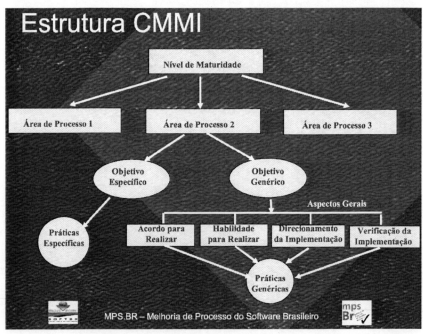

MPSBR

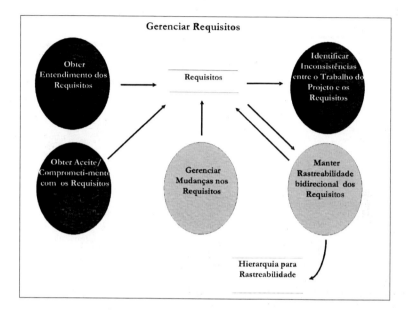

Acompanhamento e Supervisão de Projeto de Software

- Oferecer visibilidade adequada no progresso real, de modo que o gerenciamento possa tomar medidas efetivas quando o desempenho se desvia significativamente do plano.

- **Metas:**
    - Acompanhar e revisar os resultados e realizações do software confrontando com as estimativas documentadas, compromissos e planos.
    - Ajustar os planos com base em resultados e realizações efetivamente alcançados.

CMMI

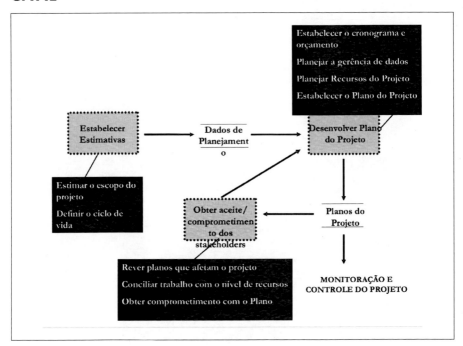

MPSBR

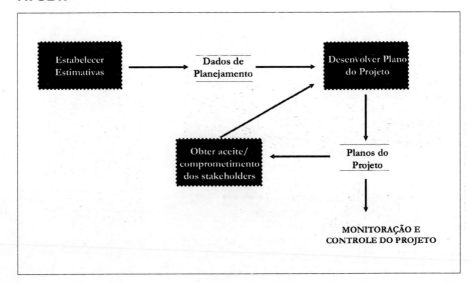

Introdução do Modelo de Processo do Software Brasileiro **141**

Acompanhamento e Supervisão de Projeto de Software

- Oferecer visibilidade adequada no progresso real, de modo que o gerenciamento possa tomar medidas efetivas quando o desempenho se desvia significativamente do plano.

- **Metas:**
  - Acompanhar e revisar os resultados e realizações do software confrontando com as estimativas documentadas, compromissos e planos.
  - Ajustar os planos com base em resultados e realizações efetivamente alcançados.

CMMI

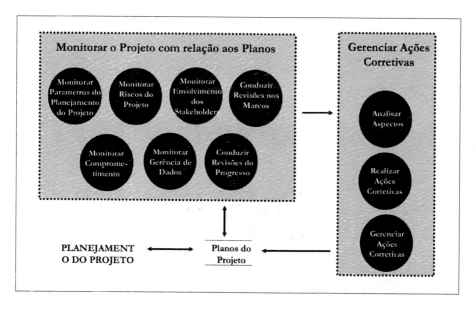

MPSBR

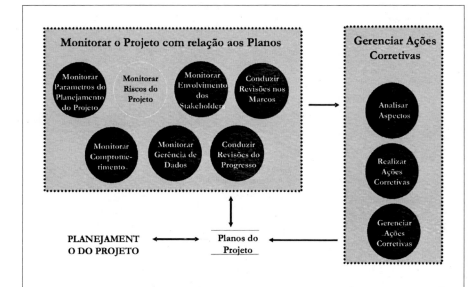

Gerência de Subcontratação de Software

▎ Selecionar subcontratados qualificados de software e gerenciá-los eficazmente.

▎ **Metas:**
  ▎ Selecionar um subcontratado de software.
  ▎ Estabelecer compromissos com o subcontratado.
  ▎ Acompanhar e revisar o desempenho do subcontratado e os resultados conseguidos.

CMMI

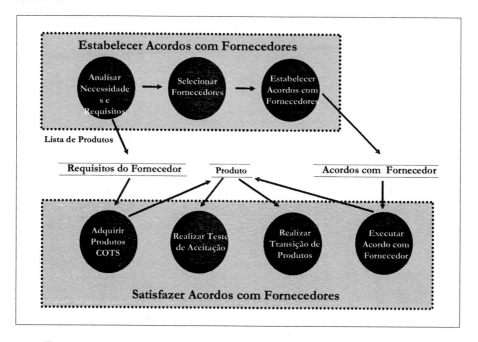

MPSBR

Não houve modificação em relação ao CMMI

Garantia da Qualidade de Software

■ Oferecer gerenciamento com visibilidade apropriada no processo que está sendo utilizado e dos produtos que estão sendo construídos.

■ **Metas:**
  ■ Revisões e auditorias nos produtos de software e atividades para assegurar que estão em conformidade com os padrões e procedimentos aplicáveis.
  ■ Fornecer ao gerente do projeto e outros gerentes envolvidos os resultados das revisões e auditorias.

CMMI

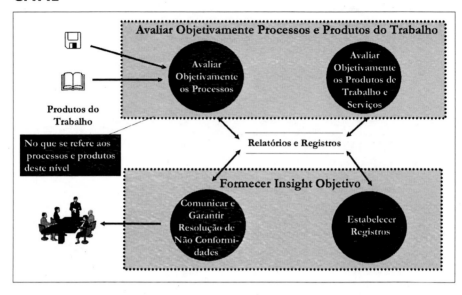

MPSBR

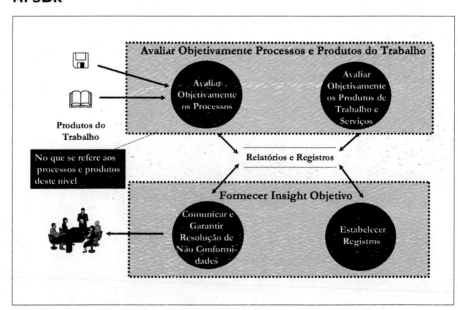

Gerência de Configuração de Software

■ Estabelecer e manter a integridade dos produtos do projeto de software ao longo do ciclo de vida do software.

■ **Metas:**
  I Identificar itens/unidades de configuração.
  I Controlar sistematicamente as alterações.
  I Manter integridade e rastreabilidade da configuração ao longo do ciclo de vida do software.

CMMI

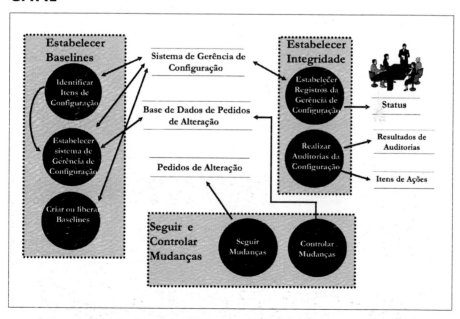

146 CMMI ♦ Integração dos Modelos de Capacitação e Maturidade de Sistemas

MPSBR

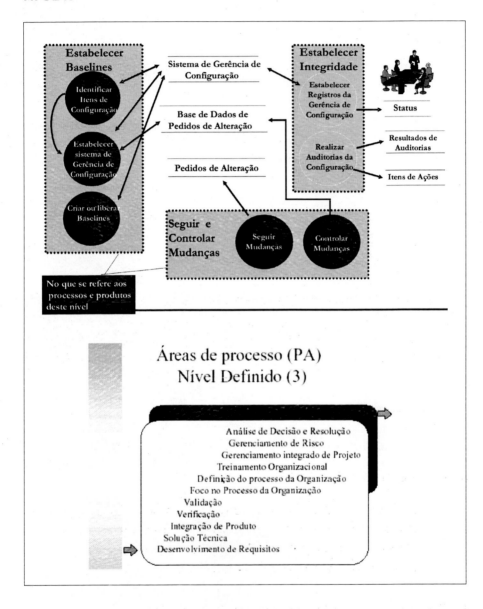

Introdução do Modelo de Processo do Software Brasileiro **147**

1. Gerência de Contrato de Software

- ➢ Selecionar contratados qualificados e pactuar compromissos.
- ➢ Manter uma comunicação constante com o contratado.
- ➢ Acompanhar os resultados reais do contratado de acordo com os compromissos assumidos.

2. Foco no Processo da Organização

- ➢ Coordenar as atividades de desenvolvimento e melhoria do processo de software em toda a organização.
- ➢ Identificar os pontos fortes e as necessidades de melhoria do processo de software, comparando-o com o processo padrão utilizado na organização.
- ➢ Planejar as atividades de melhoria e desenvolvimento do processo no nível da organização.

3. Definição do Processo da Organização

- ➢ Desenvolver e manter um processo de software padrão para a organização.
- ➢ Coletar, revisar e disponibilizar informações relacionadas ao uso do processo de software padrão da organização, visando à melhoria do próprio processo padrão.

4. Gerência de Software Integrada

- ➢ A finalidade da Gerência de Software Integrada é *integrar as atividades de engenharia e de gerência de software* em um processo de software coerente e bem definido e que seja adaptado a partir do processo de software padrão da organização.

5. Engenharia de Produto de Software

- ➢ A finalidade da Engenharia de Produto de Software é executar, de forma consistente, um processo de engenharia bem definido,

148 CMMI ♦ Integração dos Modelos de Capacitação e Maturidade de Sistemas

que integra todas as atividades de Engenharia de Software, para produzir, de maneira eficaz e eficiente, produtos de software corretos e consistentes.

➢ Destaque para a importância em manter a consistência entre os artefatos que compõem o software.

6. Coordenação entre Grupos

➢ A finalidade da coordenação entre grupos é estabelecer mecanismos para o Grupo de Engenharia de Software participar ativamente junto aos outros grupos de engenharia (engenharia de sistemas, hardware etc.), de maneira que o projeto habilite-se a satisfazer as necessidades dos clientes.

➢ Ênfase na importância de se obter o acordo de todos os grupos envolvidos quanto aos requisitos do cliente.

7. Revisão por Parceiro

➢ Planejar as atividades de revisão conjunta.

➢ Identificar e remover os defeitos nos artefatos de software.

Característica das Revisões por Parceiros

➢ Geralmente são walkthroughts[3] e revisões progressivas.

➢ Entretanto, a característica principal das revisões por parceiros é que são conduzidas por parceiros do desenvolvedor do artefato e não, por exemplo, pelos supervisores ou pelo grupo de garantia de qualidade.

(3) Walkthroughts é uma reunião com intuito de revisão na qual um dos participantes, geralmente o desenvolvedor do artefato que está sendo revisado, narra o seu comportamento "percorre" *(por exemplo, as funcionalidades ou as interfaces do usuário), e os outros participantes da reunião comentam, apontam erros, defeitos e riscos, sugerem melhorias, gerando um parecer (laudo), durante a apresentação.*

Introdução do Modelo de Processo do Software Brasileiro **149**

9. PROGRAMA DE TREINAMENTO

- ➢ Planejar as atividades de treinamento.
- ➢ Capacitar as pessoas para o desenvolvimento de habilidades e conhecimentos necessários para realizar o gerenciamento do software e as funções técnicas.
- ➢ Ministrar treinamento necessário às pessoas do grupo de engenharia de software, assim como para as pessoas de outros grupos relacionados a software, de modo que possam desempenhar seus papéis de forma eficiente e eficaz.

GERÊNCIA QUANTITATIVA DE PROCESSOS

- ➢ Controlar quantitativamente o desempenho do processo de software definido do projeto.
- ➢ O desempenho do processo de software representa os resultados reais alcançados ao se seguir o processo de software padrão da organização.

GERÊNCIA DE QUALIDADE DE SOFTWARE

- ➢ Desenvolver um entendimento quantitativo da qualidade dos produtos de software do projeto.
- ➢ Alcançar metas específicas de qualidade.

Através da definição de:
- ■ metas mensuráveis para a qualidade e suas prioridades;
- ■ estabelecimento de planos para atingir estas metas e da
- ■ monitoração e dos ajustes no processo de software.

PREVENÇÃO DE DEFEITOS

- ➢ As atividades de prevenção de defeitos são planejadas.
- ➢ As causas comuns de defeitos são procuradas e identificadas.
- ➢ As causas comuns de defeitos são priorizadas e sistematicamente eliminadas.

Gerência da Evolução da Tecnologia

> ➢ A incorporação de mudanças tecnológicas é planejada.
>
> ➢ Novas tecnologias são avaliadas para determinar seu efeito na qualidade e na produtividade.
>
> ➢ Novas tecnologias adequadas são incorporadas à rotina da organização.

Gerência de Evolução de Processos

> ➢ O melhoramento contínuo do processo é planejado.
>
> ➢ Toda a organização participa das atividades de melhoramento do processo de software.
>
> ➢ O processo de software padrão da organização e os processos de software definidos dos projetos são melhorados continuamente.

■ Mapeamento das Áreas de Processo do CMM para as Áreas de Processo do CMMI

Nível de Maturidade 2

> ■ O foco do nível 2, tanto no CMM como no CMMI, concentra-se nas práticas relacionadas com a Gerência de Projetos.
>
> ■ Na Representação por Estágios a única diferença é a inclusão no CMMI, da Área de Processo de Medição e Análise, que no CMM era uma característica comum.

No Nível 3

> ■ Neste nível, duas novas áreas de processo foram criadas: *Gerenciamento de Risco e Analise de Decisão*.
>
> ■ A maior alteração deu-se na área de processo de *Engenharia de Produto de Software*, que foi expandida em seis áreas de processo, oferecendo uma maior cobertura para o ciclo de vida do software.
>
> ■ A área de processo *Revisão de Parceiros* do CMM está contida na área de processo *Verificação* do CMMI.

Introdução do Modelo de Processo do Software Brasileiro **151**

No nível 4

- Poucas alterações em termos do número de práticas: 3 PAs no CMM e 2 PAs no CMMI.

No nível 5

- Poucas alterações em termos do número de práticas: 3 PAs no CMM e 2 PAs no CMMI.

"Para os níveis 4 e 5 existem novos requisitos que apresentam conceitos de excelência recentes e evolutivos, o que requer, por parte das organizações, uma análise criteriosa dos novos requisitos".

■ Estudo Dirigido

Uma empresa contratou uma consultoria com o objetivo de:
- ➢ Analisar as necessidades dos usuários e projetar um Plano Diretor de Informática contemplando quais aplicações devem ser implantadas;
- ➢ Em que ordem de prioridade deve ser feita esta implantação e por que;
- ➢ Estabelecer uma previsão de recursos genéricos.

Qual o nível atual de CMM e CMMI desta empresa?

Após a execução bem sucedida do trabalho da consultoria, ela estará enquadrada em outro nível CMM/ CMMI?

Justifique sua resposta

152 CMMI ♦ Integração dos Modelos de Capacitação e Maturidade de Sistemas

Uma empresa contratou uma consultoria com o objetivo de:
- ➤ Analisar os métodos de trabalho de sua equipe de desenvolvimento e os resultados documentados detalhadamente dos projetos dos últimos três anos;
- ➤ Propor uma rotina para os métodos de trabalho, de modo a tornar maior o controle sobre as atividades que estão sendo efetivamente realizadas.

Qual o nível atual de CMM e CMMI desta empresa?

Após a execução bem sucedida do trabalho da consultoria, ela estará enquadrada em outro nível CMM/ CMMI?

Justifique a sua resposta.

_____

_____

Uma empresa contratou uma consultoria com o objetivo de:
- ➤ Analisar a documentação detalhada dos projetos dos últimos três anos e dos métodos de trabalho neles utilizados;
- ➤ Propor uma metodologia de métrica e quantificação a ser usada como base para planejamento e controle dos próximos projetos.
- ➤ Qual o nível atual de CMM e CMMI desta empresa?
- ➤ Após a execução bem sucedida do trabalho da consultoria, ela estará enquadrada em outro nível CMM e CMMI?

Justifique a sua resposta.

_____

_____

9

Detalhamento da Representação Contínua

■ Organização da Área de Processo Contínua

A representação contínua apresenta quatro grandes categorias de processo:

Categoria de Processo	Descrição
Gerência de Processo	Processos que contêm práticas específicas que podem ser usadas por qualquer pessoa que gerencie qualquer tipo de processos dentro do ciclo de vida do sistema.
Gerência de Projeto	Processos que contêm práticas específicas que podem ser usadas por qualquer pessoa que gerencie qualquer tipo de projeto dentro do ciclo de vida do sistema.
Suporte	Processos que podem ser empregados por qualquer outro processo (incluindo outros processos de suporte) em vários pontos do ciclo de vida do sistema.
Engenharia	A categoria do Processo de Engenharia é constituída de processos que diretamente especificam, implementam ou mantêm o produto, a sua relação com o sistema e a documentação do cliente. Em circunstâncias onde o sistema é composto totalmente do software, o Processo de Engenharia lida somente com a construção e manutenção de software.

154 CMMI ♦ Integração dos Modelos de Capacitação e Maturidade de Sistemas

Cada categoria de processo, por sua vez, contém um grupo de áreas de processo conforme mostra a tabela a seguir:

Categoria de Processo	Área de Processo
Gerência de Projeto	Planejamento de Projeto Monitoração e Controle de Projeto Gerência de Acordos com Fornecedores Gerência de Projetos Integrada Gerência de Fornecedor Integrada Integração da Equipe Gerência de Riscos Gerência Quantitativa do Projeto
Suporte	Gerência de Configuração Garantia da Qualidade do Processo e do Produto Medição e Análise Análise e Resolução de Causas Análise de Decisão e Resolução Ambiente Organizacional para Integração
Engenharia	Gerência de Requisitos Desenvolvimento de Requisitos Solução Técnica Integração do Produto Verificação Validação
Gerência de Processo	Foco no Processo Organizacional Desempenho do Processo Organizacional Treinamento Organizacional Desempenho do Processo Organizacional Inovação e Implantação (*Deployment*) Organizacional

Detalhamento da Representação Contínua **155**

■ Áreas de Processo de Acordo com as Categorias de Processo

Nível	Gerencial	Organizacional	Engenharia
5 Otimização	◆Gerência de Mudanças de Processos	◆Gerência de Mudanças Tecnológicas	◆Prevenção de Defeitos
4 Gerenciado	◆Gerência Quantitativa de Processos		◆Gerência de Qualidade do Software
3 Definido	◆Gerência de Software Integrada ◆Coordenação entre Equipes	◆Definição dos Processos da Organização ◆Foco nos Processos da Organização ◆ Programa Treinamento	◆Engenharia de Produto de Software ◆Revisão por Pares
2 Repetível	◆Gerência de Requisitos ◆Planejamento de Projeto ◆Supervisão e Acompanhamento ◆Gerência de Subcontratação ◆Garantia da Qualidade ◆Gerência de Configuração		

Componentes do Modelo Contínuo

Cada um dos processos da Representação Contínua é descrito em termos de uma lista de metas específicas (objetivos específicos). Satisfazer o objetivo de um processo representa o primeiro passo para capacitá-lo.

Por sua vez, cada um desses níveis de capacidade, a partir do nível 1, tem objetivos genéricos associados. Para cada objetivo genérico, são definidas práticas genéricas que devem ser atendidas para que a área de processo cumpra o objetivo genérico e possa ser classificada no nível de capacidade que esse objetivo genérico está relacionado.

Por exemplo: a Gerência de Configuração de Software (GCS) é a prática genérica número 6 do objetivo genérico número 2, relacionado ao nível de capacidade gerenciável.

Esta representação não define "como", ou em que ordem, os elementos da lista de objetivos devem ser alcançados.

Os objetivos do processo serão alcançados em uma organização por meio de várias atividades detalhadas, tarefas e práticas realizadas para produzir o trabalho. Estas tarefas realizadas, atividades e práticas, assim como as características do trabalho produzido, são os indicadores que demonstram se o objetivo específico está sendo atingido.

> Áreas de Processo

> Metas Genéricas
>> Práticas Genéricas

> Metas Específicas
>> Práticas Específicas

NÍVEIS DE CAPACITAÇÃO

Como podemos observar no modelo a seguir, as Práticas Chave do CMM foram divididas no CMMI em Práticas Genéricas (para atender a Representação por Estágio) e Práticas Específicas (para atender a Representação Contínua). O mesmo sucedeu-se em relação ao conceito de Metas (ou Objetivos), ou seja, as Metas do CMM foram também divididas no CMMI em Metas Genéricas (para atender a Representação por Estágio) e Metas Específicas (para atender a Representação Contínua). Podemos observar, também, a retirada do Nível de Maturidade e a introdução do Nível de Capacidade.

Estrutura

Comparação estrutural: Através das figuras seguintes, é recomendável apreciar a diferenciação entre as estruturas das duas representações. Observe o posicionamento do Nível de Maturidade no primeiro em relação ao Nível de Capacidade no segundo.

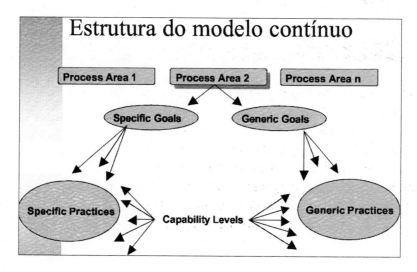

Por outro lado, observe, através da narrativa visual a seguir, que os processos na Representação Contínua podem ser expressos pelo seguinte gráfico:

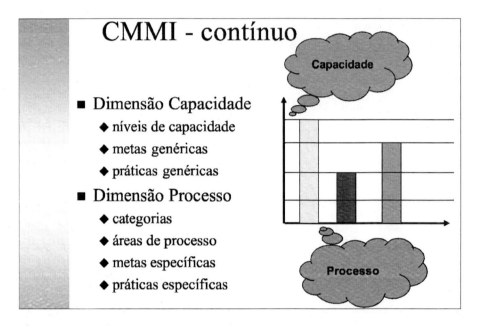

CONCEITOS DE METAS E PRÁTICAS DENTRO DO MODELO CONTÍNUO DO CMMI

Metas e Práticas são elementos do modelo usados para observar valores em ambas as dimensões: *Processo e Capacitação*.

❖ **Meta (ou Objetivo)**
Mais alto nível de resultado a ser alcançado para a efetiva implementação do grupo de prática.

❖ **Prática**
Descrição da ação que é necessária para aprovar um elemento chave na área de processo.

Existem dois Tipos de Metas e Práticas

Metas Específicas e Práticas Específicas:

❖ Focalizam a dimensão Processo logo, são aplicadas em uma particular Área de Processo.

Metas Genéricas e Práticas Genéricas:

❖ Focalizam a dimensão Capacitação logo, são aplicadas através de todas as Áreas de Processo

Os conceitos citados anteriormente podem ser visualizados através do gráfico a seguir:

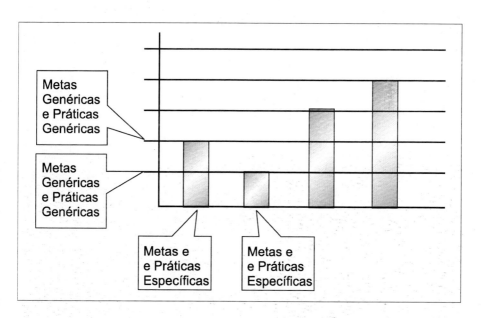

160 CMMI ♦ Integração dos Modelos de Capacitação e Maturidade de Sistemas

Onde qualquer área de processo pode ter maturidade entre 0 e 5 e duas dimensões:

- ❖ objetivos e prática genéricas, associadas aos níveis e dissociadas das áreas de processo,
- ❖ objetivos e práticas específicas, associadas às áreas de processo e dissociadas dos níveis.

Cada um dos termos citados serão definidos e exemplificados a seguir:

EXEMPLO DE META GENÉRICA E PRÁTICA GENÉRICA

META GENÉRICA (CAPACITAÇÃO NÍVEL 1)

- ❖ O processo suporta e permite alcançar Metas específicas da área de processo transformando um determinado artefato de entrada em um determinado artefato de saída.

PRÁTICA GENÉRICA (CAPACITAÇÃO NÍVEL 1)

- ❖ Executar atividades básicas da área de processo para desenvolver artefatos e fornecer serviços para alcançar metas específicas da área de processo.

EXEMPLO DE META ESPECÍFICA E PRÁTICA ESPECÍFICA

Meta Específica (PA de Gerência de Requisitos)
- ❖ Requisitos são gerenciados e inconsistências com os planos do projeto e produto de trabalho são identificados. Práticas Específicas (PA de Gerência de Requisitos).

Prática Específica (PA de Gerência de Requisitos)
- ❖ Manter rastreabilidade bidirecional entre requisitos, plano de projeto e artefatos.

Detalhamento da Representação Contínua **161**

Exemplos Específicos da Área de Processo de Análise e Medição

Objetivos Específicos (SGs)

SG1: Alinhar as Atividades de Medição e de Análise

Os objetivos e as atividades de medição devem ser alinhados com as necessidades de informação e objetivos identificados.

Práticas Específicas (SPs)

SP 1.1 Estabelecer Objetivos de Medição
SP 1.2 Especificar medidas
SP 1.3 Especificar Procedimentos de coleta
e armazenamento de dados
SP 1.4 Especificar Procedimentos de Análise

Objetivos Específicos (SGs)

SG2: Fornecer Resultados de Medição

Os resultados de medição relativos às necessidades de informação e objetivos devem ser fornecidos.

Práticas Específicas (SPs)

SP 2.1 Coletar Dados de Medição
SP 2.2 Analisar Dados de Medição
SP 2.3 Armazenar Dados e Resultados
SP 2.4 Comunicar Resultados

Objetivos Genéricos (SGs)

GG3: Institucionalizar um Processo Definido

O Processo é institucionalizado como um processo definido.
Este objetivo não é requerido pelo nível 2, no entanto é requerido pelo nível 3.

Práticas Genéricas (GPs)

GP 3.1 Estabelecer um Processo Definido
GP 3.2 Coletar Informação de Melhoria

Níveis de Capacidade

Para uma simples área de processo ou para um conjunto delas, o resultado de uma avaliação é definido por 6 níveis de capacitação: incompleto, executado, gerenciado, estabelecido, previsível e otimizado, conforme ilustrado na figura a seguir:

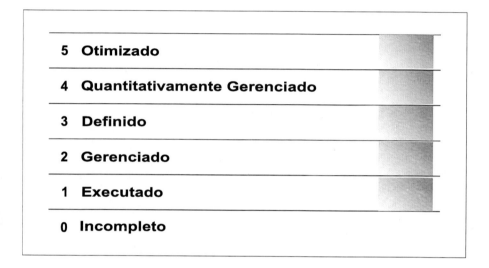

164 CMMI ♦ Integração dos Modelos de Capacitação e Maturidade de Sistemas

Mais detalhadamente ...

Níveis de Capacitação	Descrição
Incompleto	Há uma falha geral em se alcançar o objetivo do processo. Há pouco ou nenhum produto ou resultado identificável do processo.
Executado	É reconhecido na organização que uma ação deve ser tomada para o cumprimento do objetivo e há um acordo geral que esta ação deve ser tomada como e quando for necessária.
Gerenciado	O processo produz os produtos de trabalho com qualidade aceitável e dentro do prazo. Isso é feito de forma planejada e controlada. Os produtos estão de acordo com padrões e requisitos.
Definido	O processo é realizado e gerenciado usando um processo definido baseado em princípios de engenharia de software. As pessoas que implementam o processo usam processos aprovados, que são versões adaptadas do processo padrão documentado.
Gerenciado Quantitat-vamente	O processo é realizado de forma consistente, dentro dos limites de controle, para atingir os objetivos. Medidas são coletadas e analisadas. Há entendimento quantitativo de capacitação do processo.
Otimizado	A realização do processo é otimizada para atender as necessidades atuais e de negócio. O processo atinge seus objetivos e consegue ser repetido. Existem objetivos quantitativos de eficácia e eficiência. Monitoração constante do processo.

DE FORMA RESUMIDA

Nível 0 – Incompleto
Processo não executado ou executado parcialmente.

Nível 1 – Executável
Satisfaz metas específicas da área de processo.

Nível 2 – Gerenciável
Processo executado e também planejado, monitorado e controlado para atingir um objetivo (em projetos individuais, grupos ou processos isolados).

Nível 3 – Definido
Processo gerenciado, adaptado de um conjunto de processos padrão da organização.

Nível 4 – Quantitativamente Gerenciado
Processo definido, controlado. utilizando estatística ou outras técnicas quantitativas.

Nível 5 – Otimizado
Processo gerenciado quantitativamente para a melhoria contínua do desempenho do processo

Também podemos conceber Nível de Capacidade como:

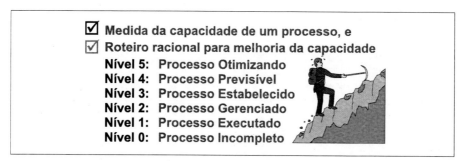

- ☑ Medida da capacidade de um processo, e
- ☑ Roteiro racional para melhoria da capacidade
  - **Nível 5:** Processo Otimizando
  - **Nível 4:** Processo Previsível
  - **Nível 3:** Processo Estabelecido
  - **Nível 2:** Processo Gerenciado
  - **Nível 1:** Processo Executado
  - **Nível 0:** Processo Incompleto

Os Níveis de Capacidade podem ser visualizados através da ilustração a seguir. Observe no gráfico a figura representando o processo avaliado no nível 4, para este caso em particular.

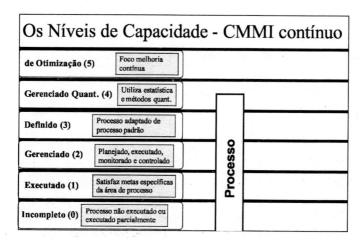

166 CMMI ♦ Integração dos Modelos de Capacitação e Maturidade de Sistemas

A Melhoria da Capacidade está associada aos

☐ **Seis níveis de capacidade:**
  0 – Incompleto
  1 – Realizado
  2 – Gerenciado
  3 – Definido
  4 – Gerenciado Quantitativamente
  5 – Em Otimização
☐ **A cada nível está associado um objetivo genérico**

Objetivos Genéricos

0 – Incompleto	–
1 – Realizado	O processo apóia e permite atingir os objetivos específicos da área de processo transformando produtos de trabalho identificáveis de entrada em produtos de trabalho identificáveis de saída.
2 – Gerenciado	O processo é institucionalizado como um processo gerenciado.
3 – Definido	O processo é institucionalizado como um processo definido.
4 – Gerenciado Quantitativamente	O processo é institucionalizado como um processo gerenciado quantitativamente.
5 – Em Otimização	O processo é institucionalizado como um processo em otimização.

Práticas Genéricas: Nível de Capacidade 0

❑ Não possui práticas genéricas
❑ Nível **não realizado**

Práticas Genéricas: Nível de Capacidade 1

Nome	*Prática Genérica*
Identificar o Escopo do Trabalho	Identificar o escopo do trabalho a ser realizado e dos produtos de trabalho ou serviços a serem produzidos e comunicar esta informação aos que realizam o trabalho.
Realizar Melhores Práticas	Realizar as melhores práticas do processo para desenvolver os produtos de trabalho e prover serviços para atingir os objetivos específicos da área de processo.

Detalhamento da Representação Contínua

Práticas Genéricas: Nível de Capacidade 2

Nome	Prática Genérica
Estabelecer uma Política Organizacional	Estabelecer e manter uma política organizacional para planejamento e realização do processo.
Planejar o Processo	Estabelecer e manter os requisitos e objetivos, e planejar para a realização do processo
Fornecer Recursos	Disponibilizar os recursos necessários para a realização do processo, o desenvolvimento dos produtos de trabalho e o fornecimento dos serviços do processo.
Atribuir Responsabilidade	Atribuir responsabilidade e autoridade para a realização do processo.
Treinar Pessoal	Treinar o pessoal que realiza ou dá suporte ao processo conforme necessário.
Gerenciar Configurações	Colocar produtos de trabalho designados no processo sob níveis adequados de gerenciamento de configuração.
Identificar e Envolver os stakeholders Relevantes	Identificar e envolver os stakeholders relevantes conforme planejado.
Monitorar e Controlar o Processo	Monitorar e controlar o processo com relação ao plano e tomar as ações corretivas adequadas.
Avaliar Objetivamente a Aderência	Avaliar objetivamente a aderência do processo e dos produtos de trabalho e serviços do processo aos requisitos, objetivos e normas aplicáveis e tratar as não conformidades.
Rever o status com a Gerência de Alto Nível	Rever as atividades, status e resultados do processo com a alta gerência e resolver aspectos pertinentes.

Práticas Genéricas: Nível de Capacidade 3

Nome	Prática Genérica
Estabelecer um Processo Definido	Estabelecer e manter a descrição de um processo definido.
Coletar Informações de Melhoria	Coletar produtos de trabalho, medir resultados de medidas e informações de melhoria derivadas do planejamento e realização do processo para suportar o uso futuro e as melhorias dos processos da organização.

Práticas Genéricas: Nível de Capacidade 4

Nome	Prática Genérica
Estabelecer Objetivos de Qualidade	Estabelecer e manter objetivos quantitativos para qualidade e desempenho do processo baseados nas necessidades dos usuários e objetivos do negócio.
Estabilizar o Desempenho do Sub-processo	Estabilizar o desempenho de um ou mais sub-processos do processo para determinar sua habilidade para atingir a qualidade quantitativa estabelecida e os objetivos de desempenho do processo.

Práticas Genéricas: Nível de Capacidade 5

Nome	Prática Genérica
Assegurar Melhoria Contínua do Processo	Assegurar a melhoria contínua do processo para atingir os objetivos de negócio relevantes da organização.
Corrigir Causas Comuns de Problemas	Identificar e corrigir as causas raiz de defeitos e outros problemas no processo.

MAS, AFINAL, COMO PODEMOS DEFINIR UM NÍVEL DE CAPACITAÇÃO?

Um nível de capacitação é um patamar evolutivo bem definido, que descreve a capacidade da área de processo; como já vimos, existem seis níveis de capacidade. Cada nível serve como uma camada de fundação para o processo contínuo de melhoria, logo, os níveis de capacitação são acumulativos, i.e., o mais alto nível de capacitação inclui os atributos dos níveis mais baixos e assim por diante.

Níveis de Capacitação são Acumulativos porque níveis de capacitação são construídos, uns sobre os outros, não podendo existir buracos entre eles.

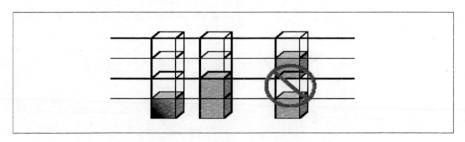

Interpretação dos Gráficos para Avaliação do Nível de Capacidade

COMO FUNCIONA O PROCESSO DE AVALIAÇÃO NA REPRESENTAÇÃO CONTÍNUA?

A representação contínua mostra o perfil da organização em forma de gráficos, definindo um modelo bidimensional que descreve os processos e os níveis de capacidade utilizados em um processo de avaliação:

> - a dimensão processo define os processos a serem avaliados;
> - a dimensão capacidade define um modelo de medição que permite determinar a capacidade de um processo para atingir os seus propósitos gerando os resultados.

Por que não "saltar" os níveis de maturidade?

- O processo em níveis mais elevados de maturidade pode ser executado, embora talvez de forma ineficaz, por organizações no nível inicial
- Contudo, a capabilidade do processo é estabelecida em estágios. A medida que um deles é ineficiente, os outros ficam instáveis.
- Cada nível provê a base necessária para melhorias **produzidas para o** próximo nível.
    - O processo de engenharia é facilmente sacrificado sem uma gestão disciplinar.
    - Medidas detalhadas são inconsistentes sem um processo definido.
    - Os efeitos das inovações de processo se tornam obscuras em um processo caótico.

A seguir será apresentado como construir e interpretar o gráfico com o perfil de capacitação da área de processo.

O Perfil de Capacitação da Área de Processo

Com o intuito de fixar e amadurecer os conceitos comparativos entre as duas representações:

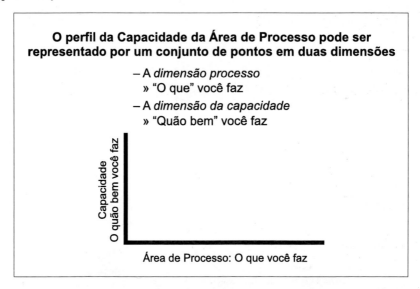

Este perfil pode ser mais detalhado nos dois gráficos a seguir:

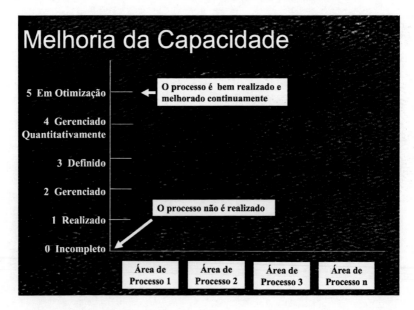

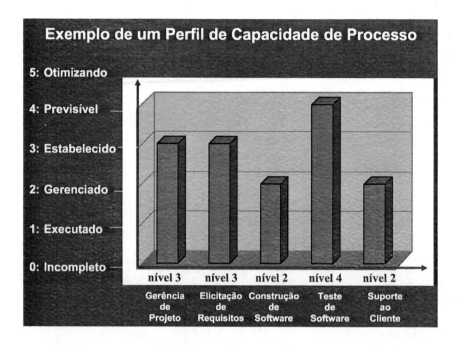

E por último, somando ao gráfico o conceito de Prática Genérica, podemos visualizar a seguinte representação:

"Contínua" (*Continuous*)
Permite escolha do foco e seqüência da melhoria

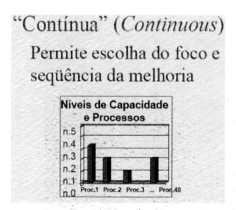

"Por Estágio" (*Staged*)
Foco e seqüência pré-definida para a melhoria

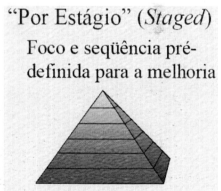

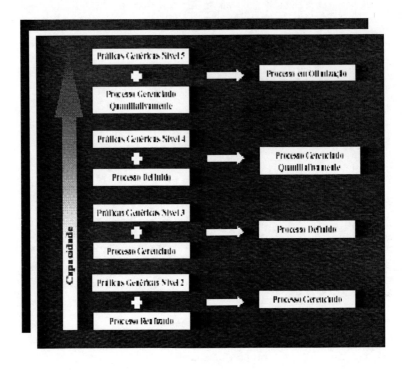

10

Comparação entre as Duas Representações

A principal diferença entre o CMM e o CMMI é que o CMM organiza os processos de software em estágios (os famosos 5 níveis), enquanto o CMMI o faz pela forma que se convencionou chamar de "representação contínua".

Na representação por estágio, cada nível (estágio) possui diversas Áreas de Processo (PA), e cada PA encontra-se em um único nível. A PA "Gerenciamento de Requisitos", por exemplo, encontra-se no nível 2 do CMM. Embora se espere que o processo de gerenciamento de requisitos seja continuamente melhorado, conforme a organização prossiga rumos aos níveis mais altos, esta PA não reaparece explicitamente nesses níveis superiores. Além disso, para ser avaliada como estando em um determinado nível, todas as PAs daquele nível (e dos níveis anteriores) precisam ser atendidas. Assim, para estar no nível 2, a organização precisa atender a todas as 6 PAs alocadas a este nível.

Na representação contínua, por outro lado, cada PA é considerada isoladamente, e as PAs não estão alocadas a nenhum nível de maturidade em particular. Assim, cada PA recebe sua própria classificação, podendo ir do nível 0 ao nível 5. Como se pode observar, na representação contínua passa a existir o nível 0, que se refere ao fato de que o processo sequer existe na organização. Neste contexto, o nível 1 passa a significar que o processo existe informalmente, não sendo institucionalizado.

Deste modo, a organização pode ter cada PA classificada em um nível diferente. Ela pode, por exemplo, estar no nível 3 para a PA "Gerenciamento de Requisitos" e no nível 2 para a PA "Gerenciamento de Configuração".

174 CMMI ♦ Integração dos Modelos de Capacitação e Maturidade de Sistemas

É claro que as coisas não são tão simples assim. As PAs não são ilhas, existem interações maiores ou menores entre elas. Não é possível, por exemplo, estar-se no nível 5 de Gerenciamento de Projetos e no nível 0 de Gerenciamento de Requisitos.

De uma forma mais sistêmica, a representação por estágios (staged) do CMMI tem por *foco* a *maturidade organizacional* e provê um *caminho evolutivo* para a melhoria do processo. Esta representação direciona e auxilia as organizações que desejam estabelecer a melhoria de processos de software. As áreas do processo são agrupadas em *níveis de maturidade*, que devem ser atendidas na sua *totalidade* para viabilizar um estágio definido de melhorias.

Já a representação contínua (continuous) tem por foco a *capacitação da área do processo* e oferece um *caminho flexível* para a implementação de melhorias. Permite que as organizações escolham *áreas específicas do processo* para a implementação de melhorias, bem como implementar *níveis deferentes de capacitação para diferentes processos.*

Do ponto de vista de software esta é, portanto, a principal diferença entre o CMM 1.1 e o CMMI 1.0. O CMMI admite as duas representações e a organização, ao implantar o CMMI, pode decidir qual representação é mais adequada à sua realidade. Além disso, será possível a "certificação cruzada", de modo que organizações avaliadas por um modelo tenham sua avaliação reconhecida pelo outro modelo.

Uma outra abordagem para enunciar esta diferenciação pode ser:
Existem dois tipos de representação no CMMI: em estágios e contínua. Tem-se, assim, um único modelo que pode ser visto sob duas perspectivas distintas.

A representação em estágios é a representação usada no SW-CMM. Esta representação define um conjunto de áreas de processo para definir um caminho de melhoria para a organização, descrito em termos de níveis de maturidade. A representação contínua é o enfoque utilizado no SECM, no IPD-CMM e também no SPICE. Este enfoque permite que uma organização selecione uma área de processo específica e melhore com relação a esta área. A representação contínua usa níveis de capacidade para caracterizar melhoria relacionada a uma área de processo.

Uma questão que se apresenta para as organizações é, então: que modelo escolher? Se, por exemplo, a organização necessita apenas demonstrar externamente o seu nível de maturidade, a representação em estágios poderá ser a mais adequada para migrar para o CMMI. Entretanto, não há obrigatoriedade de se escolher uma representação em detrimento da outra. Mais de 80% do conteúdo das duas representações são comuns a elas e oferecem resultados equivalentes. Raramente as organizações implementam uma representação exatamente como ela é prescrita. Por exemplo, uma organização pode escolher a representação em estágios para implementar o nível 2, mas incluir uma ou duas áreas de processo de nível 3 em seu plano de melhoria. Outra possibilidade é uma organização escolher a representação contínua para guiar internamente o seu processo de melhoria e, no momento de realizar a avaliação, escolher a representação em estágios.

Representações

EM ESTÁGIO (STAGED)

- ➢ perspectiva de maturidade da organização,
- ➢ enfatiza conjuntos de áreas de processo que definem estágios comprovados de maturidade de processo.

CONTÍNUA (CONTINUOUS)

- ➢ perspectiva de capacidade das áreas de processo,
- ➢ mede resultados em cada área individualmente.

"Embora a representação Contínua proporcione níveis diferentes de capacitação para diferentes processos, as informações de cada representação são virtualmente idênticas"

COMPARAÇÃO VISUAL ENTRE AS DUAS REPRESENTAÇÕES

"Através das representações por Estágio e Contínua, combinamos Software + Processo + Produto com adequação, permitindo que as organizações escolham áreas específicas do processo para a implementação de melhorias."

Resumo

Representação por estágios x Contínua

- A **representação por estágios** (staged) tem por foco a maturidade organizacional e provê um caminho evolutivo para a melhoria do processo. Esta representação direciona e auxilia às organizações que desejam estabelecer a melhoria de processos de software. As áreas do processo são agrupadas em níveis de maturidade, que devem ser atendidas na sua totalidade para viabilizar um estágio definido de melhorias.

- Já a **representação contínua** (continuous) tem por foco a capabilidade do processo e oferece um caminho flexível para a implementação de melhorias. Permite que as organizações escolham áreas específicas do processo para a implementação de melhorias, bem como implementar níveis diferentes de capabilidade para diferentes processos.

■ Estudo de Caso: Escolhendo uma Representação

O texto que se segue é uma tradução livre de Shrum (2002). (37)

Para ilustrar as razões que levam a escolha de uma representação ou outra, imagine duas empresas, Foo Toys e Widget Toys. Ambas fabricam softwares de jogos e, até agora, não estabeleceram processo de melhoria.

O gerente da Foo Toys quer melhorar o modo como a empresa lida com riscos e integra componentes de produtos. Ele está satisfeito com os demais processos da empresa e decide concentrar-se apenas nestas duas áreas de processo, o que o leva a escolher a representação contínua. Quando a organização estabelecer ambos os processos, as metas específicas para uma área de processo e as metas genéricas associadas com todos os níveis iguais ou menores que um nível de capacidade particular, ela estabelecerá o nível de capacitação para aquela área de processo. Se Foo Toys estabelecer com sucesso as metas específicas para integração de produtos e todas as metas dos níveis 2 e 3 de capacitação, pode-se dizer que Foo Toys tem nível 3 em integração de produtos.

O gerente da Widget Toys, entretanto, quer melhorar a capacitação total de desenvolvimento da empresa e vê várias áreas carentes. Reconhecendo as várias interdependências entre as áreas de processo ele escolhe a representação em estágios. Usando esta representação Widget Toys irá se concentrar nas áreas de processo do nível 2 de maturidade e, deste modo, estabelecer seus processos de gerência de projeto. Ao executar, com sucesso, as práticas das áreas de processo, a organização alcançará as metas correspondentes e quando todas as metas de uma área de processo são estabelecidas, a área é estabelecida. Para que Widget Toys satisfaça um nível de maturidade, ele deve satisfazer, isto é estabelecer, todas as áreas de processo daquele nível. Se Widget Toys satisfizer todas as áreas de processo do nível 2 de maturidade, pode se dizer que Widget Toys tem nível 2 de maturidade.

A informação contida nas duas representações é idêntica, entretanto, cada uma delas fornece benefícios que serão avaliados diferentemente pelas organizações:

178 CMMI ♦ Integração dos Modelos de Capacitação e Maturidade de Sistemas

> **Representação Contínua**: Na representação contínua os componentes principais são áreas de processo. Dentro de cada área existem metas específicas que são implementadas pelas práticas específicas e metas genéricas implementadas pelas práticas genéricas. Práticas e metas específicas são únicas para cada área de processo, enquanto que metas e práticas genéticas aplicam-se a múltiplas áreas. Cada prática pertence a um único nível de capacitação. Para satisfazer o nível 2 de capacitação para uma área de processo, Foo Toys deve satisfazer as metas e práticas específicas do nível 2 para aquela área como também as metas genéricas do nível 2 para a mesma área de processo.

> **Representação em Estágios**: Na representação em estágios os componentes principais são níveis de maturidade. Dentro de cada nível existem áreas de processo que contêm metas, características comuns e práticas. Para Widget Toys, as práticas servem como guias, orientando o que implementar para satisfazer as metas da área de processo. Em uma representação em estágios, práticas são agrupadas em características comuns (descritas em componentes do modelo).

■ Comparando as Vantagens de Cada Representação

Quando for decidir qual representação usar para o processo de melhoria, a organização deve considerar a comparação das vantagens de cada abordagem representada na tabela a seguir:

Comparação entre as Duas Representações **179**

Tabela – Vantagens de cada Representação

Representação Contínua	Representação em Estágios
Permite liberdade para selecionar a seqüência das melhorias que melhor se encaixa nos objetivos da organização e minimiza suas as áreas de risco.	Introduz uma seqüência de melhorias, começando com práticas básicas de gerência e progredindo por um caminho predefinido e comprovado de níveis sucessivos, cada um servindo como base para o próximo.
Permite maior visibilidade da capacitação alcançada dentro de cada área de processo.	Foca em um conjunto de áreas de processo que fornece à organização capacitação específica, caracterizada por cada nível de maturidade.
Permite que as práticas genéricas de níveis mais altos sejam aplicadas a todas as áreas de processo.	Práticas genéricas são agrupadas por características comuns que se aplicam a todas as áreas de processo, em todos os níveis de maturidade.
Devido ao fato dos níveis de capacitação serem medidos pelas áreas de processo, comparações entre organizações somente podem ser feitas entre áreas de processo.	Permite fácil comparação entre organizações porque os resultados do processo de melhoria são resumidos em um único número representando o nível de maturidade.
Reflete uma nova abordagem que ainda não possui dados demonstrando retorno dos investimentos.	Construído sobre um longo histórico de uso que inclui estudo de caso e dados que demonstram retorno comprovado do investimento.
Possibilita comparação fácil com a ISO 15504 porque a organização das áreas de processo desta representação é derivada da ISO 15504.	Permite comparação com a ISO 15504, mas a organização das áreas de processo desta representação não corresponde à organização usada na ISO 15504.
Fornece uma avaliação do nível de capacitação usada para melhoria dentro da organização e que raramente é comunicada externamente.	Fornece uma avaliação do nível de maturidade freqüentemente usado na comunicação da gerência interna, indicações externas à organização, e durante aquisições como qualificações.
Possibilita fácil migração do EIA/IS 731 para CMMI.	Possibilita fácil migração do CMM/SW para CMMI.
Áreas de processo são organizadas por categorias de áreas de processo.	Áreas de processo são organizadas por níveis de maturidade.
Melhoria é medida usando níveis de capacitação que refletem a execução incremental de uma determinada área de processo.	Melhoria é medida usando níveis de maturidade que refletem a execução simultânea de múltiplas áreas de processo.
Existem seis níveis de capacitação, 0 – 5.	Existem cinco níveis de maturidade, 1 – 5.
Níveis de capacitação são usados para organizar as práticas genéricas.	Características comuns são usadas para organizar as práticas genéricas.

Tabela – Vantagens de cada Representação (continuação)

Representação Contínua	Representação em Estágios
Todas as práticas genéricas são listadas em cada uma das áreas de processo.	Apenas as práticas genéricas aplicáveis àquele nível de maturidade são listadas nas áreas de processo daquele nível.
Práticas genéricas existem para os níveis de capacitação de 1 a 5.	Práticas genéricas existem para os níveis de maturidade de 2 a 5. Um subconjunto de práticas genéricas usado na representação contínua é aplicado a cada área de processo baseado em seus níveis de maturidade.
Um apêndice adicional descrevendo o estágio equivalente é incluído, permitindo a tradução de um perfil alvo em um nível da maturidade.	Não há conceito de equivalência que permite uma tradução de níveis da maturidade em um perfil alvo.

Foo Toys escolheu a representação contínua porque ele queria focar esforços de melhoria em duas áreas predefinidas. Widget Toys escolheu a representação em estágios porque queria um caminho claro para o processo de melhoria que possibilitasse fácil comparação com concorrentes que usam o mesmo modelo. Não importa qual representação se use para o processo de melhoria ou avaliação, ambas foram designadas para oferecer resultados equivalentes.

■ Níveis de Capacitação *versus* Níveis de Maturidade

A representação contínua usa níveis de capacitação para medir o processo de melhoria, enquanto a representação em estágio usa níveis de maturidade. A principal diferença entre níveis de maturidade e capacitação é a representação a qual eles pertencem e como eles são aplicados:

> ➢ Níveis de capacitação, pertencentes à representação contínua, aplicam-se a cada área de processo no estabelecimento do processo de melhoria da organização. Existem seis níveis de capacitação, numerados de 0 a 5. Cada nível de capacitação corresponde a uma meta genérica e um conjunto de práticas genéricas e específicas.

Comparação entre as Duas Representações

Níveis de Capacitação	
Representação Contínua	**Níveis de Capacitação**
0	Incompleto
1	Executável
2	Controlado
3	Definido
4	Gerenciado
5	Otimizado

➢ Níveis de maturidade, pertencentes à representação em estágios, aplicam-se a maturidade da organização como um todo. Existem cinco níveis de maturidade, numerados de 1 a 5. Cada nível de maturidade compreende um conjunto predefinido de áreas de processo.

Níveis de Maturidade	
Representação em Estágios	**Níveis de Maturidade**
1	Inicial
2	Controlado
3	Definido
4	Gerenciado
5	Otimizado

A representação contínua tem mais práticas específicas que a representação em estágios por ter dois tipos de práticas específicas, básica e avançada, enquanto que a representação em estágios tem apenas um tipo de prática específica.

Na representação contínua, existem práticas genéricas para os níveis de capacitação de 1 a 5, enquanto que na representação em estágios, apenas as práticas genéricas dos níveis de capacitação 2 e 3 aparecem; não existem práticas genéricas dos níveis de capacitação 1, 4 e 5.

Quando Widget Toys usa a representação em estágios, embora possa estabelecer o ritmo que desejar para seu processo de melhoria, avalia seu progresso usando os mesmos fundamentos que todas as outras organizações que usam o mesmo modelo com representação em estágios. Usando a representação em estágios, ele tem condições de identificar o nível de maturidade através do qual a organização pode evoluir para estabelecer uma cultura de excelência em engenharia.

182 CMMI ♦ Integração dos Modelos de Capacitação e Maturidade de Sistemas

Cada nível de maturidade forma uma base sobre a qual será estabelecido o próximo nível. Usando a representação contínua, Foo Toys pode produzir um perfil de nível de capacitação (isto é, uma lista das áreas de processo e seus correspondentes níveis de capacitação).

Tipos de perfis incluem o seguinte:

➢ Um perfil estabelecido representa o nível atual de capacitação alcançado nas áreas de processo selecionadas,

➢ Um perfil alvo representa os níveis de capacitação que Foo Toys deseja alcançar.

Manter os perfis do nível de capacitação por todo o ciclo de vida do processo de melhoria permite que o grupo de engenharia da Foo Toys demonstre seu progresso para a gerência e também guie suas atividades do processo de melhoria. Um perfil alvo pode refletir as necessidades da organização (chamado de *estágio alvo*) ou os níveis usados pela representação em estágios (chamado *estágio equivalente*). Estágio equivalente permite padronização do progresso entre projetos, organizações e outros empreendimentos.

■ Como uma Organização Saberá Qual Representação Usar

O texto que se segue é uma tradução livre de SEI CMMI Product Team (2002d).

Como já foi visto, a grande vantagem da dupla representação é que ela possibilita um aumento de flexibilidade em relação à implementação do CMMI pela organização. Dependendo de suas características, a representação estagiada ou contínua será mais adequada. Organizações que já tenham um histórico de compromisso com o modelo CMM (as que já atingiram os níveis 2 ou 3, por exemplo) irão provavelmente preferir o modelo por estágios, utilizando-o para atingir o próximo nível.

A simplicidade deste modelo é sua grande vantagem, onde as sinergias entre PAs são cuidadosamente consideradas. Nestes casos, o que interessa para a organização é a Maturidade Organizacional, ou seja, o conjunto de processos que colocam a organização em um determinado nível de maturidade, como um todo, e não neste ou naquele processo em particular. O modelo contínuo, por

Comparação entre as Duas Representações **183**

outro lado, facilitará a adoção do modelo CMMI por organizações que até agora tenham tido dificuldades em empreender este caminho. Vejamos alguns exemplos de organizações que podem se beneficiar desta abordagem:

> **Organizações com objetivos específicos de melhoria do processo de software.** Para muitas organizações, o modelo CMM é muito "pesado" para ser implementado todo de uma vez. Elas gostariam de iniciar um processo de melhoria por algumas PAs específicas, que lhes dariam benefícios imediatos. Para estas organizações não interessa "estar no nível x ou y". Elas apenas querem melhorar alguns de seus processos, segundo suas próprias prioridades. Não possuindo exigências de mercado (como um cliente que lhes exija um nível determinado) ou de marketing (como o desejo de apresentar-se ao mercado como organização madura).

> **Organizações com dificuldades para obter apoio para a implantação do CMM.** Em muitas organizações, a necessidade de melhorias no processo de software está clara para algumas pessoas, mas encontra resistência por parte de outras. Uma possível abordagem nestes casos é a chamada "tática de guerrilha", através da qual um grupo dentro da organização inicia projetos de melhoria do processo de software, com o objetivo de obter resultados positivos que possibilitem reduzir as resistências internas. Nestas circunstâncias, o CMMI possibilita que este curso de ação seja tomado de forma estruturada.

> **Organizações com limitação de recursos.** Do mesmo modo que a anterior, estas organizações podem estar sem condições de implementar momentaneamente um projeto de CMM completo, por falta de recursos financeiros ou humanos. Esta abordagem permite que a organização comece a implementar melhorias de acordo com suas possibilidades e prioridades.

Em todos os exemplos citados, é importante observar que, como já foi dito, existem limites dentro desta estrutura flexível. Não é possível, em muitos casos, avançar além de determinado ponto em uma PA sem avanços em outras PAs relacionadas.

184 CMMI ♦ Integração dos Modelos de Capacitação e Maturidade de Sistemas

Por outro lado, também podemos classificar as empresas em três categorias de fatores que podem influenciar está decisão, ou seja, negócio, cultura e legado:

➢ **Fatores de Negócio:** Uma organização com conhecimento maduro de seus objetivos de negócio provavelmente possui um forte mapeamento de seus processos para seus objetivos de negócios. Essas organizações podem achar a representação contínua mais útil para avaliar seus processos e determinar o quanto eles satisfazem os objetivos de negócio. A representação em estágios é amplamente usada e avaliações do nível de maturidade freqüentemente publicadas. Se a organização está preocupada com a padronização com seus concorrentes e/ou publicação dos resultados, a representação em estágios deve ser escolhida.

➢ **Fatores Culturais**: Os fatores culturais a se considerar na escolha de uma representação têm a ver com a habilidade da organização em desenvolver um programa para o processo de melhoria. Por exemplo, uma organização deve selecionar a representação contínua se possuir experiência no processo de melhoria ou possuir um processo específico que precise ser melhorado rapidamente. Uma organização que tenha pouca experiência no processo de melhoria deve escolher a representação em estágio, que fornece orientação adicional sobre a seqüência em que as mudanças devem ocorrer.

➢ **Legado:** Organizações com forte cultura em sistemas de engenharia devem estar mais familiarizadas com a representação contínua, enquanto as organizações de software podem estar mais acostumadas com a representação em estágios. Se a organização tem experiência com a representação em estágio, é aconselhável continuar com a representação em estágios, especialmente se tiver investido recursos e desenvolvido processos associados com esta representação. O mesmo é válido para a organização que tenha experiência com a representação contínua. Ambas as representações foram disponibilizadas para que as organizações que as usarem com sucesso pudessem continuar de maneira confortável e familiar.

Uma organização não é forçada a selecionar uma representação ou outra. Na verdade, uma organização pode encontrar utilidade em ambas as representações. Raramente uma organização executa uma ou outra representação exatamente como prescrito. As organizações bem sucedidas no processo de melhoria, freqüentemente, definem um plano que focalize seus problemas utilizando-se dos princípios das duas representações. Por exemplo, organizações que estão no nível 1 de maturidade e que selecionaram a representação em estágios, freqüentemente implementam as áreas de processo do nível 2 e também a área de processo 'Foco no Processo da Organização' do nível 3 da maturidade. Uma organização que selecionasse a representação contínua para orientar processo de melhoria poderia escolher a representação em estágio para conduzir uma avaliação formal.

Conclusão:

O CMMI, além de incorporar as melhorias propostas e aprendidas em mais de uma década de uso do modelo CMM, compatibiliza este modelo com os demais CMMs do SEI e com a norma ISO 15.504 (SPICE). Mas, sua contribuição mais importante é o significativo aumento da flexibilidade na implantação de projetos de melhoria dos processos de software. Com a dupla representação, a implantação do CMMI atinge um ponto em que as necessidades específicas de cada organização podem ser levadas em conta como nunca antes.

Abordagem Contínua

- Utiliza níveis de capacidade para medir a melhoria do processo

Capability Level	Continuous Representation Capability Levels
0	Incomplete
1	Performed
2	Managed
3	Defined
4	Quantitatively Managed
5	Optimizing

Abordagem por Estágios

- Utiliza níveis de maturidade para medir a melhoria do processo

Maturity Level	Staged Representation Maturity Levels
1	Initial
2	Managed
3	Defined
4	Quantitatively Managed
5	Optimizing

Abordagem Contínua

- Permite selecionar a ordem de melhoria mais adequada para os objetivos de negócio da organização
- Permite comparações entre organizações olhando-se área de processo por área de processo

Abordagem por Estágios

- Permite uma seqüência de melhoria, a qual se inicia com práticas básicas de gerenciamento e prossegue através de um conjunto predefinido de sucessivos níveis, onde cada nível serve de pré-requisito para o próximo

Abordagem Contínua

- Permite uma fácil comparação com a ISO/IEC 15504, pois a organização das áreas de processo é similar a ISO/IEC 15504

Abordagem por Estágios

- Permite comparações entre as organizações que utilizam níveis de maturidade
- Permite uma fácil migração do SW-CMM para o SW-CMMI

11

A íntegra deste artigo (considerado referencial em excelência), está disponível via Internet. Recomendamos a leitura das demais obras do(s) autor(es) do mesmo.

*Estudo de Caso**

■ "Análise de uma organização de software utilizando o modelo CMMI/SEI v1.0"

Uno Theilacker Júnior
Everaldo Artur Grahl & Marcel Hugo
Universidade Regional de Blumemau – FURB Dept. de Sistemas e Computação – Grupo de Qualidade de Software

Resumo

Este relato apresenta a aplicação do modelo CMMI/SEI v1.0 na empresa Datasul S.A (Joinville/SC), permitindo assim avaliar o processo de software e identificar os pontos atendidos ou em desacordo com os itens do modelo.

1. Introdução

Com o objetivo de padronizar e aprimorar os processos de desenvolvimento e manutenção de software surge, em meados de 1986, a tentativa de classificar os processos em níveis. Trata-se do "Modelo de Maturidade de capacitação para software" (CMM), desenvolvido pelo SEI – *Software Engineering Institute* (Instituto de Engenharia de Software).

Dentro desta perspectiva, resolveu-se adotar o modelo CMMI/SEI v1.0. com o objetivo de realizar a análise de uma organização de software – a empresa Datasul S.A., em Joinville/SC – na qual procurou-se avaliar até que ponto o atual processo de software da empresa estava contemplando os níveis de maturidade apresentados no modelo e, principalmente, identificar quais pontos ainda necessitariam ser atingidos. Maiores informações sobre o modelo CMMI/ SEI v.1.0 podem ser vistas em [1]. – 154.

2. A empresa Datasul S/A

A Datasul S.A. foi fundada em abril de 1978 com o objetivo de dar consultoria às empresas que desejavam implantar sistemas de manufatura. Hoje, com uma equipe de mais de 700 funcionários, fornece sistemas integrados aos seus clientes, que são divididos em módulos que controlam, gerenciam, agilizam e integram as diversas áreas de uma empresa, como recursos humanos, finanças e manufatura de forma a aumentar sua competitividade dentro das exigências do mercado internacional do próximo milênio.

Desde de 1994, a Datasul vem desenvolvendo um programa de Qualidade Total, coordenado por um conselho que é presidido pelo próprio presidente da empresa, com objetivo da busca contínua de qualidade dos seus produtos e serviços, conquistando em dezembro de 1996 a certificação ISO 9001 pela instituição alemã BRWTÜV, aplicável nas áreas de desenvolvimento, comercialização, instalação, suporte e manutenção de softwares e serviços de treinamento a clientes. Seu processo de software é regido por uma norma identificada como Metodologia de Desenvolvimento do Produto, conforme [2]. Uma visão geral da metodologia, especificando sua estrutura, é apresentada na Tabela 10.1.

3. Avaliação do Processo de Software

A avaliação do processo de software (conforme figura 1) foi realizada seguindo as fases descritas do modelo CMMI e obtidos em [3, 4]. Estas fases serviram de guia para orientar a avaliação.

Estudo de Caso

Metodologia de Desenvolvimento de Produto	1. Planejamento de Release	**1.1 Plano de Release**
		1.2 Estudo Preliminar do Projeto
		1.3 Acompanhamento
		1.4 Encerramento
	2. Análise de Requisitos	**2.1 Sistema Lógico Futuro**
		2.2 Plano de Trabalho
	3. Projeto	**3.1 Modelo de Dados**
		3.2 Modelo Operacional
		3.3 Plano de Trabalho
	4. Construção	**4.1 Programação e Testes**
		4.2 Plano de Trabalho
	5. Execução da Ordem de Serviço	**5.1 Engenharia da OS**
		5.2 Construção da OS
		5.3 Auditoria da OS
		5.4 Documentação da OS
	6. Documentação	**6.1 Ambiente Funcional**
		6.2 Documentação do Sistema
		6.3 Banco de Dados de Referência
	7. Alfa Teste	**7.1 Planejamento do Alfa Teste**
		7.2 Teste de Interface
		7.3 Teste de Negócio
		7.4 Teste de Usabilidade
		7.5 Teste de Performance
		7.6 Homologação Cliente Interno
	8. Capacitação de Especialistas	**8.1 Treinamento de Especialistas**
	9. Beta Teste	**9.1 Preparação do Beta Teste**
		9.2 Treinamento para Cliente
		9.3 Execução do Beta Teste
	10. Liberação Comercial	**10.1 Preparação da Liberação Comercial**
		10.2 Liberação Comercial
	11. Implementação / Acompanhamento	**11.1 Treinamento**
		11.2 Instalação

Uma ferramenta informatizada foi desenvolvida especificamente para auxiliar esta avaliação, facilitando a coleta das respostas e emitindo relatórios sobre os resultados e níveis de atendimentos das metas e áreas-chave de processo. Maiores detalhes encontram-se em [5].

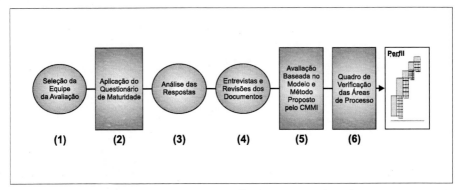

Figura 1 – *Fases para Avaliação do Processo de Software*

3.1 Seleção da Equipe de Avaliação

Nesta etapa foi selecionada uma equipe para participar e executar o processo de avaliação, procurando-se optar, nessa seleção, por pessoas que apresentassem conhecimentos sólidos nas áreas de engenharia de software e de gerência de desenvolvimento de software.

As pessoas selecionadas para compor tal equipe foram: Sr. Jackson Rovina, gerente de desenvolvimento e manutenção de produto, Sr. Roberto Gil Espinha, consultor de negócios atuando na área de garantia de qualidade, e o Sr. Odilon Rogério de Souza, analista de sistemas sênior, atuando na área de desenvolvimento de produto.

Todas com grande experiência e conhecimentos conceituais e práticos do processo de software da empresa e também de uma única área de desenvolvimento – Módulo de Finanças.

A fim de prover uma preparação a esta equipe foi efetuada uma breve apresentação focando os conceitos do modelo CMMI v1.0, o processo de avaliação a ser empregado e o questionário de maturidade desenvolvido. WQS '2001 – Workshop de Qualidade de Software.

3.2 Aplicação do Questionário de Maturidade

Nesta segunda etapa foi aplicado o questionário de maturidade desenvolvido, com o qual as pessoas da empresa, anteriormente selecionadas, puderam diagnosticar diversos pontos do atual processo de software da organização.

Este questionário de maturidade foi desenvolvido analisando-se cada área-chave e respectivas metas específicas que compõem o modelo CMMI v1.0, e elaborando-se no mínimo uma pergunta relacionada a cada meta, a fim de identificar se a mesma está sendo contemplada e, por conseguinte, identificar se a área-chave relacionada foi alcançada ou implementada. O desenvolvimento deste questionário teve origem em consultas aos trabalhos de [1, 3, 4].

3.3 Análise das Respostas

Nesta terceira etapa, após o questionário ser aplicado e respondido pelas pessoas designadas, teve-se início à análise das respostas fornecidas, procurando classificá-las e identificar áreas que deveriam ser exploradas mais intensamente.

Como o questionário foi aplicado a três pessoas da própria empresa, que se utilizavam do mesmo processo de software definido, uma das formas de classificar e identificar áreas que deveriam receber uma maior atenção foi verificar as perguntas com respostas conflitantes entre os avaliadores.

Sendo assim, as áreas de processo selecionadas para uma maior atenção foram:

Planejamento de Projeto, Gerência de Contrato de Fornecedor, Garantia de Qualidade de Processo e Produto, Integração de Produto, Gerência de Projeto Integrada, Análise de Decisão e Resolução, Desempenho de Processo Organizacional e Gerência Quantitativa de Projeto.

3.4 Entrevistas e Revisões dos Documentos

Nesta etapa, após a análise das respostas, foi marcada uma reunião com os avaliadores, a fim de conciliar e consolidar as respostas fornecidas no questionário, além de verificar quais documentos (por exemplo, padrões, políticas, procedimentos e planos) existiam e poderiam comprovar a satisfação ou não das metas específicas analisadas, conforme suas prescrições no modelo CMMI v1.0.

192 CMMI ♦ Integração dos Modelos de Capacitação e Maturidade de Sistemas

Para as áreas de processo de comum acordo entre os avaliadores, ou seja, que não obtiveram alguma resposta conflitante, foram verificadas que sua análise e respostas realmente estavam corretas, citando-se, então, alguns documentos que vieram a comprovar tal observação, por exemplo: fases e produtos da metodologia de desenvolvimento do produto, engenharias de execução de ordens de serviço (OS), planos de produto, ferramentas de gerenciamento de projeto e apontamento de horas de trabalho, relatórios de acompanhamento, avaliação e encerramento de projetos, check-list de homologações, etc.

Quanto às áreas de processo selecionadas para um maior enfoque nesta etapa, foi realizada uma verificação mais minuciosa nos documentos da empresa, procurando identificar o atendimento ou não de cada meta, chegando-se à conclusão que algumas eram e outras não eram contempladas pela metodologia. Porém, estas conclusões agora eram consenso entre os avaliadores.

3.5 AVALIAÇÃO DO MODELO E MÉTODO PROPOSTO PELO CMMI

Convencionou-se nesta etapa que, para a satisfação de uma determinada área-chave de processo, seria necessário que no mínimo 2/3 (66,6 %) das metas relacionadas fossem satisfeitas. WQS '2001 – Workshop de Qualidade de Software – 157 -

Após a conclusão das etapas anteriores, julgando-se a satisfação ou não das metas para constatar o alcance ou implementação de cada área-chave de processo, foram obtidos os seguintes resultados:

a) Nível Gerenciado: todas as 7 áreas-chave de processo presentes nesse nível foram alcançadas ou implementadas pela organização;

b) Nível Definido: das 13 áreas-chave de processo, presentes nesse nível, 8 foram alcançadas ou implementadas pela organização. A área-chave Gerência de Projeto Integrada não é alcançada integralmente, enquanto que as áreas-chave Gerência de Risco e Análise de Decisão e Resolução não obtiveram nenhuma de suas metas satisfeitas;

c) Nível Quantitativamente Gerenciado: todas as 2 áreas-chave de processo, presentes nesse nível não foram alcançadas ou implementadas pela organização, não obtendo nenhuma de suas metas satisfeitas inclusive;

d) Nível Otimizado: das 2 áreas-chave de processo, presentes nesse nível, a área-chave Inovação Organizacional e Desenvolvimento foi alcançada ou implementada pela organização, não ocorrendo o mesmo com a outra área-chave, Análise Causal e Resolução, que não obteve nenhuma de suas metas satisfeitas.

Como no nível 3 de maturidade, Definido, a empresa não conseguiu alcançar ou implementar integralmente todas as áreas-chave presentes no mesmo, ela foi classificada somente no nível 2 de maturidade, Gerenciado.

Mas, um ponto forte identificado nesta avaliação do processo de software da empresa é que o mesmo já satisfaz a maioria das áreas-chave do nível de maturidade 3, ou seja, se a empresa conseguir dar um enfoque na busca de satisfação das metas e áreas-chave faltantes, em breve poderá ser novamente avaliada com possibilidade de classificar-se neste nível.

3.6 Quadro de Verificação das Áreas-Chave de Processo

Esta foi a etapa conclusiva do processo de avaliação, indicando quais as áreas que satisfizeram e quais as áreas que não satisfizeram as metas das áreas-chave de processo previstas no modelo CMMI/SEI v1.0. O objetivo foi fornecer o respectivo retorno aos participantes e à organização. Sendo assim, a seguir são apresentadas as áreas-chave de processo (ACP) de cada nível de maturidade, com o devido percentual de satisfação de suas metas específicas, identificando quais destas ACP foram alcançadas ou não, com um totalizador das mesmas por nível de maturidade da organização, conforme visto nas tabelas 2, 3, 4 e 5.

194 CMMI ♦ Integração dos Modelos de Capacitação e Maturidade de Sistemas

Tabela 3 Verificação das áreas chaves de processo do nível de maturidade 3

Nível 3 - Definido		
Área-Chave de Processo	Satisfação das Metas (%)	ACP Alcançada ?
Desenvolvimento de requisitos	100	Sim
Solução técnica	100	Sim
Integração de produto	67	Sim
Verificação	100	Sim
Validação	100	Sim
Foco no processo organizacional	100	Sim
Definição do processo organizacional	100	Sim
Treinamento operacional	100	Sim
Gerência de projeto integrada	50	Não
Gerência de risco	0	Não
Análise de descrição e resolução	0	Não
Total de ACPs alcançadas		08
Total de ACPs não alcançadas		03

Tabela 4 Verificação das áreas chaves de processo do nível de maturidade 4

Nível 4 Quantitativamente Gerenciado		
Área-Chave de Processo	Satisfação das Metas (%)	ACP Alcançada ?
Desempenho do processo organizacional	0	Não
Gerência quantitativa do projeto	0	Não
Total de ACPs alcançadas		08
Total de ACPs não alcançadas		03

Tabela 5 Verificação das áreas chaves de processo do nível de maturidade 5

Nível 5 Otimizado		
Área-Chave de Processo	Satisfação das Metas (%)	ACP Alcançada ?
Inovação organizacional e desenvolvimento	100	Sim
Análise causal e resolução	0	Não
Total de ACPs alcançadas		08
Total de ACPs não alcançadas		03

4. Conclusão

O trabalho desenvolvido contribuiu para disseminar os conceitos de avaliação dos processos de software e mais especificamente do modelo CMMI v1.0, modelo este publicado muito recentemente e que está sendo aplicado de forma "piloto" em algumas organizações, inclusive para prover um refinamento adicional e atualizações ao mesmo.

O objetivo principal foi alcançado, realizando-se a análise do processo de software da empresa Datasul utilizando o modelo CMMI/SEI v1.0, sendo que o fato da empresa já possuir certificação ISO 9001 contribuiu para a mesma comprovar, no processo de avaliação, sua classificação no nível de maturidade 2.

Outro fato importante verificado nessa avaliação foi à proximidade com que o processo de software da empresa poderá alcançar um nível de WQS '2001 – Workshop de Qualidade de Software – 159 – maturidade superior em avaliações, desde que certos esforços sejam aplicados na busca por alternativas e soluções para os pontos fracos e com as melhorias de processos já identificados nessa avaliação inicial.

Lembra-se que para alcançar o nível 3 seria necessário alcançar ou implementar somente 3 ACPs (gerência de projeto integrada, gerência de risco e análise de decisão e resolução). Contudo, observa-se que, pelo reduzido grupo de pessoas envolvidas na avaliação, os resultados podem não refletir adequadamente uma atitude organizacional.

Mas, percebeu-se também a necessidade fundamental de uma maior preparação das pessoas envolvidas com relação ao método de avaliação proposto e suas etapas, não disponibilizando apenas informações a respeito do modelo, mas um treinamento mais abrangente, visto que o modelo utiliza muitos termos e conceitos de engenharia de software. Esta preparação visa inclusive uma mensuração mais realista e profunda do processo de software na organização.

Ressalta-se que a avaliação foi realizada por pessoas da própria organização, caracterizando-se como uma auto-avaliação. Sugere-se para uma maior validação dos resultados apresentados que a empresa Datasul busque uma avaliação externa, procurando também sistematizar este processo, tornando-o periódico.

Referências Bibliográficas

[1] MASTERS, Steve. An overview of Capability Maturity Model Integration (CMMI)SM version 1.0. São Paulo : Instituto Nacional de Tecnologia da Informação ITI e Faculdade SENAC de Ciências Exatas e Tecnologia, 2000. Transparências do curso ministrado durante o II Simpósio Internacional de Melhoria de Processo de Software.

[2] DATASUL S.A. Manual de metodologia de desenvolvimento do produto. Joinville, 2000.

[3] SOFTWARE ENGINEERING INSTITUTE. CMMI-SE/SW V1.0. Pittsburgh, PA: Carnegie Mellon University, CMU/SEI-2000-TR-018, 2000. http://www.sei.cmu.edu/cmmi/products/public-release.html.

[4] GRAHL, Everaldo A.; ANACLETO, Ana L.; HUGO, Marcel. Resultados de mensuração do processo de software baseado no modelo CMM/SEI. In: Workshop de Qualidade e Produtividade de Software (1996: São Carlos). Anais. São Carlos: Workshop de Qualidade e Produtividade de Software, 1996. p. 41-45.

[5] THEILACKER Jr, Uno. Análise de uma organização de software utilizando o modelo CMMI/SEI v1.0. Blumenau, 2000. Relatório de Estágio Supervisionado (Bacharelado em Ciências da Computação). Centro de Ciências Exatas e Naturais, Universidade Regional de Blumenau. WQS '2001 – Workshop de Qualidade de Software – 160.

12

A íntegra deste artigo (considerado referencial em excelência), está disponível via Internet. Recomendamos a leitura das demais obras do(s) autor(es) do mesmo.

*Estudo de Caso**

■ O CMMI no Contexto de Uma Operação de Fábrica de Software

Aguinaldo Aragon Fernandes
Instituto de Tecnologia de Software SP

Resumo

De acordo com o autor o modelo CMMI é a próxima fronteira para as operações de software, principalmente para operações offshore. O CMMI está se tornando um item ganhador de pedidos no mercado global de serviços offshore.Entretanto, considerando uma operação de fábrica de software como um negócio e como uma plataforma de múltiplas demandas, percebemos que o modelo CMMI carece de alguns processos importantes. Portanto, a gerência da fábrica de software deve fechar alguns hiatos visando atingir eficiência e eficácia da operação.

Agenda

- O conceito da fábrica de software
- A fábrica de software é um negócio
- Escopos de fábricas de software
- Requisitos para uma fábrica de software
- Componentes genéricos de uma fábrica de software
- Implantar ou melhorar uma fábrica, é um projeto
- Outras novidades que merecem atenção

1. Introdução

Um dos elementos principais de qualificação de operações de software locais e offshore tem sido a aplicação de certificações de qualidade do processo de software, principalmente a baseada no consagrado modelo SW-CMM®, preconizado pelo SEI, Paulk et al (1996).

Atualmente, no mercado de serviços de software offshore o SW-CMM® já se configura como um item obrigatório para que um fornecedor possa ser considerado pelos clientes potenciais.

Acreditamos que o CMMI , SEI (2003), que é uma evolução do SW-CMM® e que se configura como um modelo mais robusto e completo para o gerenciamento de projetos e desenvolvimento de produtos de software, possa criar diferenciação no mercado para quem o adotar, principalmente para operações de software offshore.

Operações de software offshore são àquelas dedicadas à exportação de serviços de desenvolvimento de software, seja programação, seja o desenvolvimento de um produto completo desde a sua especificação.

Entretanto, apesar de ser um modelo robusto, ainda carece, do ponto de vista deste autor, de processos que são extremamente importantes para operações de Fábrica de Software, principalmente se considerarmos a gestão da

Estudo de Caso

operação como um todo, onde há múltiplas demandas a serem atendidas e os aspectos de suporte da operação.

Nossa recomendação é que, para que possamos obter eficiência e eficácia em uma operação de Fábrica de Software, necessitamos preencher algumas lacunas que o CMMI não atende.

Neste artigo procuraremos ilustrar quais as lacunas que a administração de uma operação de Fábrica de Software deve preencher.

A fábrica de software é um negócio

Condições para ser rentável

- Demanda continua fazendo uso do máximo da capacidade instalada
- Processos (inclusive do CMMI) alinhados com a operação e que agregam valor
- Forte automação dos processos
- Gestão do conhecimento
- Distribuição da operação para locais cuja mão de obra é qualificada mas barata

2. Conceituando a Fábrica de Software

O termo Fábrica de Software tem sido usado desde os anos 60, nos Estados Unidos, e anos 70 no Japão conforme Cusomano (1989) apud Swanson et al (1991). Cusomano foi um dos principais autores a divulgar o termo, a partir de suas pesquisas comparativas entre Estados Unidos e Japão, no final da década de 80, acerca de práticas de desenvolvimento de software.

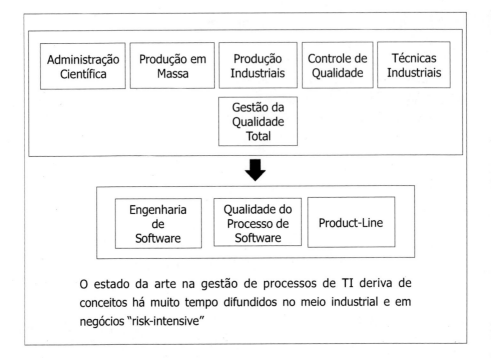

O conceito de fábrica de software

> Um processo estruturado, controlado e melhorado de forma continua, considerando abordagens de engenharia industrial, orientado para o atendimento a múltiplas demandas de natureza e escopo distintas, visando à geração de produtos de software, conforme os requerimentos documentados dos usuários e/ou clientes, da forma mais produtiva e econômica possível.

Estudo de Caso **201**

No Brasil, o conceito começou a ser aplicado no início da década de 90 em empresas de prestação de serviços em tecnologia da informação e intensificou-se a partir de meados daquela década, Fernandes (2000).

Hoje, já se pensa em estruturar operações de Fábrica de Software para atender a mercados da América do Norte e Europa, Computerworld (2003). Atualmente, muitas empresas de prestação de serviços têm a sua Fábrica. Há casos em que a Fábrica é estruturada internamente em empresas cuja finalidade não é o desenvolvimento de software.

Entretanto, ainda há várias conotações para o termo Fábrica de Software. A maioria das empresas de serviços tem como Fábrica de Software a "Fábrica de Programas", dedicada exclusivamente para a codificação de programas.

No nosso entender a Fábrica de Software pode ter vários escopos de atuação, desde um projeto de software completo, ou um projeto físico ou a codificação de programas de computador.

O objetivo da Fábrica de Software deve ser a geração de produtos requeridos pelos usuários ou clientes, com o mínimo de defeitos possível e a um preço (ou custo) competitivo e compatível, que forneça a margem necessária para os investimentos em manutenção e melhoria da Fábrica.

Entretanto, para distinguirmos uma operação de Fábrica de Software genuína de abordagens que se assemelham a "pools" de programação e análise, é preciso caracterizar os principais atributos de uma operação desse tipo. Uma Fábrica de Software deve possuir os seguintes atributos básicos (independente do seu escopo de fornecimento):

➢ Deve haver um processo definido e padrão para o desenvolvimento do produto de software;

➢ A Fábrica deve ter um forte gerenciamento da "interface" com o usuário e/ou cliente, tanto no sentido de recebimento de solicitações como entrega dos produtos solicitados;

➢ A entrada para a Fábrica (a ordem de serviço ou solicitação de serviço) deve ser padronizada;

➢ As estimativas de prazo e custo devem ser baseadas na capacidade real de atendimento da Fábrica a uma determinada demanda;

➢ Deve haver métodos padrões de estimativas baseadas em históricos;

➢ A Fábrica deve ter, de preferência, tempos padrões de atendimento já estabelecidos de acordo com o domínio da aplicação, da plataforma tecnológica e do tamanho da demanda (programa e/ou projeto);

- Os perfis de recursos humanos devem ser controlados e estarem alinhados ao tipo de demanda (natureza e complexidade) da Fábrica;
- A Fábrica deve ter um rigoroso controle dos recursos em termos de sua alocação, disponibilidade, necessidade e produtividade (esta deve ser medida);
- A Fábrica deve ter um processo para o planejamento e controle da produção;
- A Fábrica deve ter o controle do *status* das múltiplas demandas em seu processo e permitir rastreamento dessas demandas;
- A Fábrica deve controlar todos os itens de software (documentos, métodos, procedimentos, ferramentas e código), criando uma biblioteca de itens;
- A Fábrica deve ter o absoluto controle do andamento da execução de cada demanda;
- Os produtos de software devem ser construídos de acordo métodos, técnicas e ferramentas padronizadas;
- A Fábrica pode ter processos distintos para atendimento a demandas de natureza diferentes;
- Todos os recursos humanos devem estar aptos e treinados para as tarefas de desenvolvimento de software e para operarem processos operacionais e de gestão;
- A Fábrica deve ter processos de atendimento (resolução de problemas) para os usuários e/ou clientes;
- A Fábrica deve ter mecanismos que garantam a qualidade do produto de software, conforme requerimentos do usuário e/ou cliente;
- A Fábrica dever ter mecanismos de apuração, apropriação e controle de custos;
- A Fábrica deve ter mecanismos de medições de atributos de sua operação, tais como: tempos médios de atendimento, densidade de defeitos dos produtos, eficiência de remoção de defeitos, exatidão das estimativas e assim sucessivamente;
- A Fábrica tem que ter um absoluto controle sobre os níveis de serviços acordados com os seus usuários e/ou clientes;
- A Fábrica tem que melhorar seus processos de forma contínua visando o aumento de sua produtividade e a redução de seus custos de operação;

> ➤ O ambiente de "hardware e software" da Fábrica deve ser estável e estar alinhado com as necessidades dos seus usuários e/ou clientes.

Visto estes requisitos , podemos definir a Fábrica de Software como sendo:

Um processo estruturado, controlado e melhorado de forma contínua, considerando abordagens de engenharia industrial, orientado para o atendimento a múltiplas demandas de natureza e escopo distintas, visando à geração de produtos de software, conforme os requerimentos documentados dos usuários e/ou clientes, da forma mais produtiva e econômica possível.

Para o objetivo deste artigo trabalharemos com o escopo da Fábrica de Projetos conforme definido nesta seção.

3. O Framework Genérico da Fábrica de Software

Para que possamos generalizar os atributos de uma Fábrica de Software, de um modo compreensível pelas empresas de informática e por usuários dessas, conforme o conceito descrito anteriormente, é fundamental o estabelecimento de um modelo operacional da Fábrica, que é o que propomos com o que denominamos de "Framework".

O "Framework" do processo de software apresentado aqui tem como propósito mostrar os requerimentos de uma operação de Fábrica de Software, assim como servir de modelo comparativo para que possamos entender o CMMI no contexto de uma operação de software de múltiplas demandas.

Geralmente, quando estamos falando no processo de desenvolvimento de software nos vem à mente a metodologia de desenvolvimento de sistemas, com suas fases típicas, coerentes com o ciclo de vida do software, ou seja, definição de requisitos, projeto da solução, projeto detalhado, construção, teste integrado, teste de sistemas, teste de aceitação, passagem para a produção e manutenção.

Este nível é o que denominamos de "engenharia do produto", ou "construção do produto" ou o processo produtivo da operação. Entretanto, associado a um processo produtivo sempre tem um processo gerencial.

O resultado do processo produtivo, um software, tem que ser gerenciado, de forma a garantir, pelo menos, que os requisitos dos usuários e clientes sejam totalmente satisfeitos. O nível gerencial, por sua vez, pode ser entendido pela gestão de uma demanda específica, seja um software ou uma manutenção, pela gestão de múltiplas demandas e pela gestão de uma ou mais operações no sentido estratégico.

A gestão de uma demanda específica, um projeto, por exemplo, requer o seu planejamento, o desenvolvimento de um plano, controles, tais como controle de mudanças, controle de escopo, controle das versões dos itens de software (documentos de especificação e código), controle de riscos, da qualidade e da comunicação do desempenho do projeto e assim sucessivamente.

A gestão de múltiplas demandas, ou gestão da operação, preocupa-se em estabelecer prioridades entre demandas conflitantes, alocar da forma mais efetiva os recursos disponíveis, gerir o "workflow" das múltiplas demandas, negociar níveis de serviços da operação de software, manter uma biblioteca de componentes para servir a toda a operação, controlar os recursos alocados, implementar programas de treinamento para a operação, garantir a qualidade da operação como um todo etc.

A gestão estratégica do processo de software foca na sua melhoria contínua e no seu alinhamento constante com o negócio, principalmente no que tange a implementação de melhorias nos processos ou de novos processos e de novas tecnologias, visando a entrega de funcionalidades com melhor qualidade (no prazo, custo e escopo requerido pelo negócio) e de forma mais rápida.

Entretanto, nenhuma operação de software (em ambiente de múltiplas demandas) consegue sobreviver sem suporte tecnológico, metodológico, de engenharia de processos, de "help-desk" e logística de suprimentos de recursos etc.

Portanto, podemos vislumbrar uma camada no "Framework" dedicada para processos de suporte à operação de software. Acreditamos que os recursos dedicados à construção do produto devem somente se ater à construção. Este é um dos motivos da separação ou divisão de trabalho proposto por este modelo básico de "Framework".

A Figura 11.2 mostra a nossa proposição para um "Framework" do processo de software numa abordagem de engenharia de produção e que fornece o fundamento para a estruturação de uma operação de Fábrica de Software.

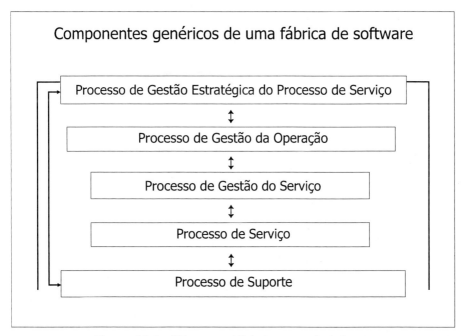

Figura 11.2 – "Framework" do Processo de Software

Em uma visão teórica e considerando uma operação de Fábrica de Software como uma unidade de negócio dentro de uma empresa ou um negócio individual, propomos processos para cada uma das camadas, considerando o escopo de projetos para a operação.

4. A Aderência do CMMI ao Framework da Fábrica de Software

O modelo CMMI – Capability Maturity Model Integration é uma evolução do conceito dos modelos de capacitação estabelecido pelo SW-CMM®, conforme o Software Engineering Institute.

O CMMI foi projetado para a melhoria dos processos de desenvolvimento de produtos e serviços, assim como de sua aquisição e manutenção. O modelo compreende disciplinas de engenharia de sistemas, engenharia de software, processo de desenvolvimento integrado do produto, gestão de fornecimento, gestão de processos e de projeto.

206 CMMI ♦ Integração dos Modelos de Capacitação e Maturidade de Sistemas

O CMMI tem duas representações, uma baseada em estágios, similar ao SWCMM ® e outra contínua, SEI (2002a, 2002b).

A representação contínua, por sua vez, permite selecionar a melhoria que mais atende aos objetivos do negócio e a mitigação das áreas de maior risco para a empresa, SEI(2002b).

Dentro do modelo proposto pelos autores, tudo que for caracterizado como processos e regras é colocado na camada de gestão estratégica, como é o caso das áreas de processo de Análise de Decisão, Resolução e Medição e Análise e Ambiente Organizacional de Integração. Este último parcialmente em virtude de endereçar o estabelecimento da visão para a operação como um todo.

Outra incompatibilidade aparente é termos colocado a Análise Causal e Resolução na camada de gestão do projeto. Isto ocorre, pois é a aplicação de técnicas de controle da qualidade para identificar e remover defeitos no processo usado pelo projeto. Ou seja, esta área de processo foca especificamente o projeto, apesar de seu resultado ser usado para a melhoria dos processos como um todo. O mesmo ocorre com o Quality Assurance do Processo e do Produto que, a nosso ver, ocorre na camada de gestão do projeto.

É responsabilidade da gerência do projeto executar atividades relativas a essa área de processo.

Por fim, numa operação de software, o planejamento do projeto trata do planejamento de uma ordem de serviço que é aceita pela Fábrica somente depois que o mesmo é aprovado pelo cliente ou usuário. Em um ambiente de operação, somente depois da aprovação do planejamento é que temos um projeto a ser executado.

Como pode ser entendido pela figura 3 e 4, o CMMI tem pouco foco na camada de gestão da operação e de suporte que, a nosso ver, são críticos para uma operação de software bem sucedida.

A gestão da operação é que fornece a condição para que os projetos sejam entregues no prazo prometido, tendo em vista que administra todo o relacionamento com o cliente, a demanda de uma forma geral e os recursos logísticos para os projetos e a operação como um todo. O suporte, por sua vez, disponibiliza recursos computacionais, software e aplicações para a operação e gestão da Fábrica. Falhas nesses processos afetam diretamente a capacidade da Fábrica em atender aos prazos requeridos e comprometidos com os clientes.

Estudo de Caso **207**

De uma forma geral, as principais lacunas que devem ser preenchidas para que a Fábrica de Software possa potencializar o CMMI , são:

- ➢ Planejamento de riscos da Fábrica como um todo;
- ➢ Compliance de métodos e padrões; verificação se os processos que estão no planejamento de riscos estão usando os padrões requeridos e comprometidos;
- ➢ Gestão financeira da Fábrica; custos, margens, rentabilidade e investimentos;
- ➢ Gestão dos recursos humanos;
- ➢ Segurança, considerando políticas de segurança, métodos, padrões e processos específicos;
- ➢ Gestão do conhecimento, sobre métodos, processos, padrões, informações de inovação tecnológica e perfis e habilidades de pessoas;
- ➢ Gestão da demanda consiste na demanda de todo o tipo que entra na Fábrica e avaliação da capacidade produtiva de atendimento ao longo do tempo;
- ➢ Recebimento e liberação de ordens de serviços (interface com o cliente);
- ➢ Gestão de problemas consiste no registro de problemas, acompanhamento e fechamento;
- ➢ Planejamento e controle da produção da Fábrica; (programa no tempo o que vai ser executado, por quem, quando, qual a data de entrega, o que vai ser cancelado, substituído, suspenso, e quais recursos vão ser empregados, etc.);
- ➢ Revisão conjunta realizadas entre a fábrica e os clientes para avaliar atendimento aos acordos de níveis de serviço e acompanhar a implementação e resultados de melhorias;
- ➢ Controle de riscos da operação que consiste na execução do planejamento de riscos da Fábrica;
- ➢ Controle dos custos da operação que é requerido pela gestão financeira da Fábrica;
- ➢ Gestão do atendimento ao cliente quando da implantação de soluções;
- ➢ Gestão de problemas no projeto;
- ➢ Atendimento a ajustes pós-implementação da solução;
- ➢ Serviços de suporte administrativo.

5. Conclusões

Acreditamos que o CMMI deva ser perseguido pelas operações de software – Fábricas de Projeto – levando em consideração os processos complementares propostos pelo "framework" apresentado neste trabalho, principalmente os relativos à gestão da operação e processos de suporte.

Somente o CMMI não é possível atender a todos os requerimentos dos clientes acerca de uma Fábrica de Software que, além de soluções com qualidade, deve liberar os produtos demandados conforme prazo e custo acordado. A camada de gestão da operação do modelo proposto permite fornecer os meios para que todos os objetivos de desempenho da Fábrica possam ser atendidos.

Implantar ou melhorar uma fábrica é um projeto

- Decisões acerca da estrutura da operação de serviços
  - Qual o escopo e linhas de serviços que a operação deve atender?
  - Quais os critérios para a introdução de uma nova linha de serviços?
  - Quais os critérios para a implantação de um novo cliente?
  - O que deve ser levado em cosideração para um projeto de uma nova linha de serviços?
  - Qual a parte do processo a operação deve possuir?
  - Qual a localização da operação?
  - Qual a capacidade de atendimento da operação?
  - Como serão as instalações da operação?
  - Qual o arranjo físisco mais adequado?
  - Qual a tecnologia de engenharia para cada linha de serviço?
  - Qual o processo operacional de cada linha de serviço da operação?
  - Qual o processo de gestão da operação?

6. Referências

[1] Fernandes, Aguinaldo Aragon.(2000) "O Paradigma da Fábrica de Software e Práticas das Empresas de Informática no Brasil" São Paulo, Escola Politécnica, Departamento de Engenharia de Produção, USP, Tese de Doutorado, 2000.

[2] PAULK, Mark.; WEBER, Charles.; CURTIS, Bill.; CHRISSIS, Mary Beth. The capability maturity model: guidelines for improving the software process. Reading, Mass., Addison-Wesley, 1994.

[3] Computerworld (2003). Fábrica de software: uma vocação nacional? São Paulo, 30 de abril de 2003.

[4] Software Engineering Institute (2002a)."Capability Maturity Model Integration, version 1.1, staged representation, CMU/SEI-2002-TR-012, march 2002.

[5] Software Engineering Institute (2002b)."Capability Maturity Model Integration, version 1.1, continuous representation, CMU/SEI-2002-TR-011, march 2002.

13

Referências Bibliográficas

1. Sites do SEI: http://www.sei.cmu.edu
   http://sei.cmu.edu/cmmi
   http://seir.sei.cmu.edu/seir/
   http://io.sei.cm u.edu/pub/english.cgi/0/323123
   •http://dtic.mil/ndia
   (primeira e segunda conferência anual do CMMI)
   http://www.faa.gov/aio
2. Migration from the CMM to CMMI:
   http://www.sei.cmu/cmmi/adoption/migration.html
3. CMU/SEI-2002-TR-029, ESC-TR-2002-029 – Capability Maturity Model Integration (CMMISM), Version 1.1. CMMISM for Software Engineering (CMMI-sw, V1.1), Staged Representation
4. CMU/SEI-2002-TR-028, ESC-TR-2002-028 – Capability Maturity Model Integration (CMMISM), Version 1.1, CMMISM for Software Engineering (CMMI-sw, V1.1), Continuous Representation
5. Livro: ENGENHARIA de SW Com CMM; Soeli Fiorini, Arndt Von Staa, Renan Martins Baptista; BRASPORT, 1998.
6. Paulk, Mark C., Charles V. Weber, Suzanne M. Garcia, Mary Beth Chrissis, Marilyn Bush – "Key Practices of the Capability Maturity ModelSM,

212 CMMI ♦ Integração dos Modelos de Capacitação e Maturidade de Sistemas

Version 1.1" – Technical Report CMU/SEI-93-TR-025, Software Engineering Institute – Carnegie Mellon University – FEBRUARY 1993

7. "Engenharia de Software com CMM" – 1999 – Brasport – ISBN 85-85840-84-6. Fiorini, Soeli T., Arndt von Staa e Renan Martins Baptista

8. Crosby, P.B.; Quality is Free; Mc Graw-Hill, New York, NY; 1979.

9. Humphrey, W.S.; Characterizing the Software Process: A Maturity Framework; Software Engineering Institute, CMM/SEI-87-tr-11, June 1987. Uma visão revisada deste relatório foi publicada na IEEE Software Vol 5, No.2, March 1988; pp.73-79.

10. Humphrey, W.S.; Managing the Software Process; Addison Wesley; 1989, ISBN 0-201-18095-2.

11. Artigo Qualidade de Software: O Que Há de Novo? Átila Belloquim

12. Artigos sobre CMMI de autoria de José Davi Furlan e Fábio Barros

13. SEI/Carnegie Mellon University

14. Apresentação: Gerência de Projetos de Software, José Ignácio Jaeger Neto

15. "CMM – Nível 2" – Versão 1.2 11/10/2001 – Tradução de José Marcos Gonçalves e André Villas Boas – Tradução não oficial do CMU/SEI-93-TR-25 – CMM – Nível 2 – V1.1 – Fundação CPqD

16. NBR ISO/IEC 12207 Tecnologia de informação

17. Artigo: CMMI o Futuro do CMM, Átila Belloquim

18. Artigo: CMM x CMMI – Evolução ou descontinuidade?, Edelvicio Junior

19. Apresentação: CMM – Um modelo para melhoria do processo (de produção) de Sw, Odisnei Galarraga

20. Tecnologia SP, 29 Out. 2003 Certificação CMM sai de cena em 2005 _ Fábio Barros Computerworld – Edição 395 – 08/10/2003 Fábio Barros 28/10/2003

21. Palestra SPIN Qualidade de Software o que, quando e como utilizar? Claudia Cappelli, MSc.

22. MASTERS, Steve. An overview of Capability Maturity Model Integration (CMMI)SM version 1.0. São Paulo : Instituto Nacional de Tecnologia da Informação ITI e Faculdade SENAC de Ciências Exatas e Tecnologia, 2000. Transparências do curso ministrado durante o II Simpósio Internacional de Melhoria de Processo de Software.

23. SOFTWARE ENGINEERING INSTITUTE. CMMI-SE/SW V1.0. Pittsburgh, PA: Carnegie Mellon University, CMU/SEI-2000-TR-018, 2000. Endereço Eletrônico:http://www.sei.cmu.edu/cmmi/products/public-release.html.

24. Produtividade de Software (1996: São Carlos). **Anais**.São Carlos: Workshop de Qualidade e Produtividade de Software, 1996. p. 41-45.
25. CMMI: Guidelines for Process Integration and Product Improvemente Chrissis, et al; Hardcover
26. CMMI Distilled: A Pratical Introduction to Integrated Process Improvement, Second Edition by Dennis M. Ahern, et al; Paperback
27. Interpreting the CMMI: A Process Improvement Approach by Margaret K. Kulpa, Kent A. Johson; Handcover.
28. Engenharia de Software: Fundamentos, Métodos e Padrões. Wilson de Pádua Paula Filho, LTR Editora
29. Os Modelos de Verificação de Qualidade do Processo de Software. A Intercessão dos Critérios FGV
30. Qualidade de Softwa: Teoria e Prática Ana Regina Rocha Printice-Hall
31. HERBSLEB, James et al. Benefits of CMM-based Software process improvement: initial results. Pittsburgh: SEI/Carnegie Mellon University, 1994.
32. NBR ISO/IEC 12207 Tecnologia de informação – Processos de ciclo de vida de software. Rio de Janeiro: ABNT, 1998.
33. McFEELEY, Bob. IDEAL: a user's guide for software process Improvement. Pittsburgh: SEI/Carnegie Mellon University, 1996.
34. PAULK, Mark C. et al. The capability maturity model: guidelines for improving the software process. Pittsburgh: Addison Wesley, 1997.
35. GOLDESON Dennis R. HERBSLEB James D. After the appraisal: a systematic survey of process improvement its benefits, and factors that influence success.
36. HAYES, Will. ZUBROW, Dave. Moving ou up: data and experience doing CMM-based process improvement. Pittsburgh: SEI/Carnegie Mellon University, 1995.
37. PAULK, Mark C. et al. Capability maturity model for software, version 1.1. Pittsburgh: SEI/Carnegie Mellon University, 1993.
38. SEI CMMI Product Team. CMMI-SW Model Version 1.1 Release Notes. SEI – Software Engineering Institute. Carnigie Mellon, SEI, ago. 2002. Disponível em: <http://www.sei.cmu.edu/cmmi/models/sw-release.html>.Acesso em: 12 nov. 2002e.
39. Patrícia Inêz de Andrade – Qualidade nos processos do ciclo de vida do produto com cmmi: uma aplicação prática de gerência de configuração na compsis.

40. SHRUM, S. Spotlight: CMMI Model Representations. 4 ed. v. 2. Carnigie Mellon: News@SEI, dez. 1999. Disponível em: <http://interactive.sei.cmu.edu/Features/1999/December/Spotlight/Spotlight.dec99.pdf>. Acesso em: 12 nov. 2002.
41. Cláudio Bezerra Leopoldino Avaliação de Riscos em Desenvolvimento de Software – Porto Alegre 2004 UFRGS – Escola de Administração
42. Introduction to the capability maturity model. Pittsburgh: SEI/Carnegie Mellon University.
43. O Novo Modelo do CMMI fev2004. Departamento de Produção POLI. Marcelo Pessoa. Mauro Spinola. Sarah Kohan
44. Aplicação do CMM/ CMMI. • Ciclos de melhoria de processo. Programas de Melhoria de Processo ... CMMI - Process Maturity Profile. (March 2005) ASR Consultoria e Assessoria em Qualidade
45. Afinal o que é uma Fábrica de Software por Aguinaldo Aragon Fernandes 2005 SPIN
46. Microsoft PowerPoint - Tutorial CMMI ASR Consultoria e Assessoria em Qualidade.
47. Microsoft PowerPoint - Mini Curso 01_02_2005. Organizacional e Aperfeiçoamento Contínuo dos Processos. Qual Modelo aplicar? SPIN São Paulo, 01 de fevereiro de 2005
48. Microsoft PowerPoint – Apresentação Ana Liddy
49. Microsoft PowerPoint - mpsBr. Dez 2003 - Mar 2004: Organização do Projeto ... Jul - Dez 2004: Implementação em grupos de. empresas. Jan-Jun 2005
50. Melhoria do Projeto de Software Brasileiro. Ana Regina Rocha, Ângela Alves, Arnaldo M. Ayala ... Este artigo descreve o Projeto mps Br, uma iniciativa envolvendo universidades, grupos de estudo etc.
51. Processo de Software para Empresas de Pequeno Porte Baseado no Modelo CMMI PEPP por Heron Vieira Aguiar.
52. Um Modelo de Medição para Processos de Desenvolvimento de Software. Eduardo Pereira Borges, Wilson de Pádua Paula Filho – BH
53. Uso de Normas e Modelos para Garantir a Qualidade de Software CMM e CMMI – Principais conceitos, diferenças e correlações.
54. Estudo Comparativo entre Modelos de Qualidade de Software. Gerson Carlos Ribeiro Batista. Faculdade Integrada do Recife Bacharelado em Sistemas de Software.

Referências Bibliográficas

55. O Novo Modelo do CMMI fev2004. Departamento de Produção POLI. Marcelo Pessoa. Mauro Spinola. Sarah Kohan;
56. Aplicação do CMM/ CMMI. Ciclos de melhoria de processo. Programas de Melhoria de Processo ... CMMI – Process Maturity Profile. (March 2005). ASR Consultoria e Assessoria em Qualidade
    57.   Afinal o que é uma Fábrica de Software?, por Aguinaldo Aragon Fernandes 2005 SPIN.
57. Microsoft PowerPoint – Tutorial CMMI ASR Consultoria e Assessoria em Qualidade.
58. Microsoft PowerPoint – Mini Curso 01_02_2005. Organizacional e Aperfeiçoamento Contínuo dos Processos. Qual Modelo aplicar? SPIN São Paulo – 01 de fevereiro de 2005.
59. Microsoft PowerPoint – Apresentação Ana Liddy.
60. Microsoft PowerPoint – mpsBr. Dez 2003 – Mar 2004: Organização do Projeto ... Jul – Dez 2004: Implementação em grupos de. empresas. •. Jan – Jun 2005.
61. Melhoria do Projeto de Software Brasileiro. Ana Regina Rocha, Ângela Alves, Arnaldo M. Ayala ... Este artigo descreve o Projeto mps Br, uma iniciativa envolvendo universidades, grupos de estudo etc.
62. Processo de Software para Empresas de Pequeno Porte Baseado no Modelo CMMI PEPP por Heron Vieira Aguiar
63. Um Modelo de Medição para Processos de Desenvolvimento de Software. Eduardo Pereira Borges, Wilson de Pádua Paula Filho – BH.
64. Uso de Normas e Modelos para Garantir a Qualidade de Software. CMM e CMMI – Principais conceitos, diferenças e correlações.
65. Estudo Comparativo entre Modelos de Qualidade de Software. Gerson Carlos Ribeiro Batista. Faculdade Integrada do Recife Bacharelado em Sistemas de Software.

Anexo 1

Gerência de Projeto na Engenharia de Software em Relação às Práticas do PMBOK*

*A íntegra deste artigo (considerado referencial em excelência), está disponível via Internet. Recomendamos a leitura das demais obras do(s) autor(es) do mesmo.

Cristina Ângela Filipak Machado e Robert Carlisle Burnett
Pontifícia Universidade Católica do Paraná – PUC-PR

Resumo

A comunidade de software tem desenvolvido muitos estudos sobre as causas da "crise de software"; novos métodos, técnicas e ferramentas têm sido disponibilizadas para ajudar a superá-la. Esse artigo descreve quais são as causas detectadas para a "crise de software" e faz uma análise sobre alguns modelos de melhoria e definição de processo que são a NBR ISO/IEC 12207 – Processos de Ciclo de Vida de Software, CMM – Modelos de Capacitação de Maturidade e as áreas chaves de gerência de projetos propostas no PMBOK.
Palavras-Chave: Norma ISO/IEC 12207, PMBOK, CMMI, SW-CMM, gerência de projetos, PMI.

Introdução

A indústria de software tem disponibilizando novos métodos, ferramentas e modelos de desenvolvimento de software numa velocidade assustadora.

218 CMMI ♦ Integração dos Modelos de Capacitação e Maturidade de Sistemas

Esse fato é impulsionado pela própria necessidade de se produzir software com mais velocidade, qualidade e produtividade. Apesar desses avanços tecnológicos e metodológicos a indústria de software ainda continua passando pela "crise de software" e, isso já faz mais de 30 anos. Para entender e avaliar melhor essa crise, durante meados da década de 90 foram realizados muitos estudos e pesquisas dentre eles o DOD (Departamento de Defesa do Estados Unidos) [1] e do Standish Group [2].

O estudo conduzido pelo DOD indicou que 75% de todos os grandes sistemas intensivos de software adaptados falham e que a causa principal é o pobre gerenciamento por parte do desenvolvedor e adquirente [1] e, o problema não é de desempenho técnico. O estudo desenvolvido pelo Standish Group, chamado de relatório do "Chaos" [2], tem como foco a indústria de software comercial. Esse estudo identificou que as empresas dos Estados Unidos gastaram $81 milhões em projetos de software que foram cancelados em 1995; 31% dos projetos de software estudados foram cancelados antes de estarem concluídos; 53% dos projetos de software excedem mais do que 50% a sua estimativa de custo; e, somente 9% dos projetos, em grandes empresas, foram entregues no tempo e orçamento; para empresas de pequeno e médio porte, os números melhoraram em 28% e 16% respectivamente. Resumidamente, todas essas análises levaram as mesmas conclusões que são:

- ☐ O desenvolvimento de software é ainda imprevisível;
- ☐ Somente 10% dos projetos de software são entregues com sucesso dentro das estimativas de orçamento e custo;
- ☐ A disciplina de gerência é mais um discriminador de sucesso ou falha do que são avanços tecnológicos; e
- ☐ O nível de software jogado fora e que tem necessidade de re-trabalho é um indicativo de processo imaturo.

Com a disponibilização desses estudos ficou evidente que as práticas de gerência de projetos devem ser melhoradas para que se tenha sucesso nos projetos de tecnologia da informação. Esse artigo tem como proposta mostrar a evolução das práticas gerencias dentro do modelo SW-CMM [6],[7] e da Norma ISO/IEC 12207 [4],[5] durante a década de 90 e, principalmente, estabelecer uma correlação entre a evolução desses frente ao Corpo de Conhecimento de Gerência de Projetos PMBOK [3] que é a "bíblia" da profissão de gerência de projetos. Para tanto, as seções deste artigo estão assim organizadas: na se-

Anexo 1

ção 2 descrevemos sucintamente o Modelo SW-CMM e sua evolução para o CMMI- Model Components Derived from CMMI[sm]- SE/SW; na seção 3 descrevemos a norma NBR ISO/IEC 12207 e a sua evolução com a criação do Anexo da ISO/IEC 12207; na seção 4 descrevemos o PMBOK; na seção 5 analisamos o CMM e a ISO/IEC 12207 com suas evoluções em relação ao PMBOK e, finalmente, na seção 6 apresentamos as nossas conclusões.

CMM – Capability Maturity Model

Em 1987, o Software Engineering Institute – SEI sob a coordenação de Watts Humphrey gerou a primeira versão do que veio a se chamar de modelo CMM. O modelo era composto pelos documentos de maturidade de processo [8] e o questionário de maturidade [9]. Em 1991, o SEI evoluiu a estrutura de maturidade de processo para o chamado Capability Maturity Model for Software – SW-CMM.

O SW-CMM é baseado em cinco estágios de maturidade. Estes estágios são caracterizados pela existência (definição, documentação e execução) de determinados processos dentro da organização que são chamados de "Áreas-chave de Processos". A qualidade da execução do processo, o nível de acompanhamento desta execução, a adequação dos processos ao projeto são alguns dos fatores medidos para determinar o nível de maturidade da organização. As "Áreas-chave de Processos" podem ser classificadas de acordo com a categoria do processo (gerência, organização e engenharia) e o seu nível de maturidade conforme descrito na Tabela 14.1 [10].

Como decorrência da evolução do modelo SW-CMM, em 2000 foi lançado um novo produto: o CMMI. O CMMI agrega, além da representação por estágios, a representação contínua. Ou seja, na representação contínua, existem as "Áreas-chave de Processos", mas essas não estão distribuídas em níveis, elas é que contêm graus de capacidade. Esses processos, assim como, o objetivo do alcance da capacidade nos processos, devem ser selecionados pela organização e evoluídos de acordo com os objetivos organizacionais.

A representação contínua é representada por níveis de capacidade, perfis de capacidade, estágio alvo, e estágio equivalente (relação dessa representação em relação à representação por estágio) como princípios de organização dos componentes do modelo. Nesse modelo existem seis níveis de capacidade designados pelos números de 0 até 5 que correspondem : nível 0 – Incompleto,

220 CMMI ♦ Integração dos Modelos de Capacitação e Maturidade de Sistemas

Tabela 14.1. Áreas-chave de processos do SW-CMM de acordo com o nível de maturidade e a categoria de processos

Nível de maturidade	Gerencial Planejamento de projeto de software	Organizacional Revisão e controle pela gerência sênior	Engenharia Especificação, design, codificação, controle de qualidade
2	❑ Supervisão e acompanhamento de projetos ❑ Garantia de qualidade de software ❑ Gerência de configuração de software ❑ Gerência de contrato de software ❑ Gerência de requisitos ❑ Planejamento do projeto de software		
3	❑ Coordenação entre grupos ❑ Gerência de software Integrada	❑ Definição do processo da organização ❑ Foco no processo da organização ❑ Programa de treinamento	❑ Engenharia de produto de software ❑ Revisão por parceiros
4	❑ Gerência quantitativa de processos		❑ Gerência de qualidade de software
5		❑ Gerência da evolução dos processos ❑ Gerência da evolução tecnológica	❑ Prevenção de defeitos

1 – Executado, 2 – Gerenciado, 3- Definido, 4 Gerenciado Quantitativamente e 5 – Otimizado. Os componentes do modelo CMMI podem ser agrupados em 3 categorias:

- Objetivos específicos e genéricos são componentes do modelo requeridos e são considerados essenciais para que a organização alcance a melhoria de processo;

Anexo 1 **221**

§ Práticas específicas e genéricas são componentes do modelo esperados e podem ajudar a alcançar os objetivos específicos e genéricos; e
§ Sub-práticas, produtos de trabalho típico, extensão das disciplinas,
elaboração de práticas genéricas, títulos de práticas e objetivos ajudam a entender o modelo.

O modelo também é subdividido em áreas de processos e tem quatro categorias que são: Processos de Gerência de Processo, Processos de Gerência de Projeto, Processos de Engenharia e Processos de Apoio. A Tabela 14.2 mostra as
áreas-chave de processos dentro das categorias do CMMI. Os grupos de área
de processo básicos são os que estão em nível 1. Essas práticas são considera-

Tabela 14.2. Distribuição das áreas-chave de processos no CMMI

Categorias de processo	Grupo de área de processo	Processos
Processos de Gerência de Processo	Básico	❑ Foco no processo organizacional ❑ Definição do processo organizacional ❑ Treinamento organizacional
	Avançado	❑ Execução do processo organizacional ❑ Entrega e inovação organizacional
Processos de Gerência de Projeto	Básico	❑ Planejamento de projeto ❑ Monitoramento e controle de projeto ❑ Gerência de "contratos" com fornecedores
	Avançado	❑ Gerência de projeto integrada ❑ Gerência de risco ❑ Gerência de projeto quantitativa
Engenharia		❑ Desenvolvimento de requisitos ❑ Gerência de requisitos ❑ Solução técnica ❑ Integração de produto ❑ Verificação ❑ Validação
Processos de apoio	Básica	❑ Gerência de configuração ❑ Garantia de qualidade de produto e processo ❑ Análise e medição
	Avançado	❑ Resolução e análise de decisão ❑ Resolução e análise de causa

das essenciais para alcançar o propósito da área de processo. As práticas avançadas são as que estão presentes nos níveis maiores do que 1.

NBR ISO/IEC 12207 – PROCESSOS DE CICLO DE VIDA DE SOFTWARE

A Norma NBR ISO/IEC 12207 – Processos do Ciclo de Vida do Software foi criado em 1995 com o objetivo de fornecer uma estrutura comum para que o adquirente, fornecedor, desenvolvedor, mantenedor, operador, gerentes e técnicos envolvidos com o desenvolvimento de software utilizassem uma linguagem comum. Esta linguagem comum é estabelecida na forma de processos bem definidos. Esses processos são classificados em três tipos: fundamentais, de apoio e organizacionais. Todos esses processos, executados durante o projeto de software, conduzem a qualidade tanto do produto quanto do processo.

Devido à própria evolução da área de engenharia de software e da necessidade sentida por vários usuários da Norma, foi disponibilizado em 2001 um anexo que atualizou a Norma incluindo e expandido processos. Um dos processos que foi expandido e, é o foco deste artigo, é o de Gerência, que ganhou alguns processos e passou a ter os seguintes objetivos:

Gerência organizacional: Tem como objetivo estabelecer os objetivos de negócio da organização e desenvolver o processo, produto, e recursos os quais, quando usados por um projeto na organização, ajudam a organização a encontrar os seus objetivos de negócio.

Gerência de projetos: Tem como objetivo identificar, estabelecer, coordenar, e monitorar as atividades, tarefas e recursos necessários de um projeto para produzir um produto e/ou serviço, dentro do contexto dos requisitos e restrições do projeto.

Gerência da qualidade: Tem como objetivo satisfazer o cliente através do alcance dos seus requisitos.

Gerência de risco: Tem como objetivo identificar, gerenciar e minimizar os riscos de forma contínua.

Anexo 1 **223**

Alinhamento organizacional: Tem como objetivo assegurar que os indivíduos na organização compartilhem uma visão e cultura comum e o entendimento dos objetivos do negócio para que esses ajam conjunta e efetivamente.

Medição: Tem como objetivo coletar e analisar dados relacionados ao desenvolvimento dos produtos e implementação dos processos dentro da unidade organizacional, suportando o gerenciamento efetivo dos processos e demonstrando objetivamente a qualidade dos produtos.

Gerência do conhecimento: Tem como objetivo assegurar que o conhecimento individual, informações e perfis sejam coletados, compartilhados, reusados e melhorados através da organização.

PMBOK – Guia para o Corpo de Conhecimento em Gerência de Projetos

A primeira versão do PMBOK foi criada em 1986 e a versão atual é de 1996. Ela foi gerada pelo PMI – Project Management Institute,que é uma associação de profissionais de gerência de projetos e existe desde 1969. O PMBOK é um guia onde se descreve a somatória de conhecimento e as melhores práticas dentro da profissão de gerência de projetos. É um material genérico que serve para todas as áreas de conhecimento, ou seja, tanto para construção de edifício, processo de fabricação industrial, como para a produção de software.

A gerência de projetos é a aplicação de conhecimento, habilidades, ferramentas e técnicas para projetar atividades, de maneira a satisfazer ou exceder as necessidades e expectativas dos stakeholder. Mas, satisfazer ou exceder as necessidades envolve um balanceamento entre as várias demandas concorrentes em relação ao:

- escopo, tempo, custo e qualidade;
- stakeholders com necessidades e expectativas diferenciadas; e
- requisitos identificados (necessidades) e requisitos não identificados (expectativas).

224 CMMI ♦ Integração dos Modelos de Capacitação e Maturidade de Sistemas

Para cobrir todas as áreas que fazem parte da gerência de projetos, o PMBOK subdividiu-se em processos, conforme Figura 3. Cada processo refere-se a um aspecto a ser considerado dentro da gerência de projetos, e todos os processos devem estar presentes quando da execução do projeto para que esse tenha sucesso. Esses processos são:

Gerência de integração: O objetivo principal é realizar as negociações dos conflitos entre objetivos e alternativas do projeto com a finalidade de atingir ou exceder as necessidades e expectativas de todas as partes interessadas. Envolve o desenvolvimento, a execução do plano do projeto e o controle geral de mudanças.

Gerência de Escopo: O objetivo principal é definir e controlar o que deve e o que não deve estar incluído no projeto. Consiste da iniciação, planejamento, definição, verificação e controle de mudanças do escopo.

Gerência de Tempo do Projeto: O objetivo principal é garantir o término do projeto no tempo certo. Consiste da definição, ordenação e estimativa de duração das atividades e da elaboração e controle de cronogramas.

Gerência de Custo: O objetivo principal é garantir que o projeto seja executado dentro do orçamento aprovado. Consiste de planejamento de recursos , estimativa, orçamento e controle de custos.

Gerência de Qualidade do Projeto: O objetivo principal é garantir que o projeto satisfará as exigências para as quais foi contratado. Consiste de planejamento, garantia e controle de qualidade.

Gerência de Recursos Humanos: O objetivo principal é garantir o melhor aproveitamento das pessoas envolvidas no projeto. Consiste de planejamento organizacional, alocação de pessoal e desenvolvimento de equipe.

Gerência de Comunicação: O objetivo principal é garantir a geração adequada e apropriada, coleta, disseminação, armazenamento e disposição final das informações do projeto. Consiste do planejamento da comunicação, distribuição da informação, relatório de acompanhamento e encerramento administrativo.

Anexo 1

225

Gerência de Risco: O objetivo principal é maximizar os resultados de ocorrências positivas e minimizar as conseqüências de ocorrências negativas. Consiste de identificação, quantificação, tratamento e controle de tratamento de riscos.

Gerência de Aquisição: O objetivo principal é obter bens e serviços externos à organização executora. Consiste do planejamento de aquisição, planejamento de solicitação, solicitação de propostas, seleção de fornecedores e administração e encerramento de contratos.

PMBOK	CMMI	NBR ISO/IEC 12207
Integração	Gerência de projeto integrada	Gerência organizacional
Escopo	Planejamento de acompanhamento Gerência de requisitos	Gerência de projeto Gerência de Requisitos³
Tempo	Acompanhamento e controle. Mas, não endereça especificamente essa questão.	Gerência de projeto. Mas, não endereça especificamente essa questão.
Custo	Acompanhamento e controle. Mas, não endereça especificamente essa questão.	Gerência de projeto. Mas, não endereça especificamente essa questão.
Aquisição	Gerência de Contratos com fornecedores	Não tem processos que trate especificamente essa questão. Ela é coberta na norma pela Aquisição e Fornecimento e é gerenciada da mesma forma que um projeto interno à organização.
Recursos Humanos	A própria concepção do modelo diz que devem se ter habilidades para executar, mas não menciona a necessidade de gerenciamento de recursos humanos através dos projetos da organização.	Recursos Humanos³ Gerência do Conhecimento
Comunicação	Gerência de Configuração cobre parcialmente esse processo. A própria concepção do modelo diz que os processos devem ser comunicados, mas não menciona explicitamente a necessidade de comunicação dos produtos dos projetos para todos os envolvidos.	Gerência de Configuração cobre parcialmente esse processo. Mas, não menciona explicitamente esse processo
Risco	Gerência de Risco	Gerência de Risco
Garantia de Qualidade	Garantia de qualidade de produto e processo	Gerência da Qualidade

¹ A versão da norma e do CMM são as últimas versões disponíveis
² Gerência de Requisitos é um processo expandido no anexo da NBR ISO/IEC 12207 e está inserido no Processo de Desenvolvimento
³ Gerência de Recursos Humanos é uma expansão proporcionado pelo anexo no processo de Treinamento da NBR ISO/IEC 12207

Figura 14.3 – *Processos que compõem a Gerência de Projetos do PMBOK*

COMPARAÇÃO DO CMMI E NBR ISO/IEC 12207 EM RELAÇÃO AO PMBOK

A comparação será feita do modelo CMMI e NBR ISO/IEC[1] em relação as prática de gerências propostas pelo PMBOK para analisarmos qual é o grau de atendimento da engenharia de software em relação às práticas executadas e consagradas como "melhores práticas" pelos profissionais em gerência de projetos.

---

[1] A versão da norma e do CMM são as últimas versões disponíveis

226 CMMI ♦ Integração dos Modelos de Capacitação e Maturidade de Sistemas

PMBOK	CMMI	NBR ISO/IEC 12207
Integração	Gerência de projeto integrada	Gerência organizacional
Escopo	Planejamento de acompanhamento Gerência de requisitos	Gerência de projeto Gerência de Requisitos[3]
Tempo	Acompanhamento e controle. Mas, não endereça especificamente essa questão.	Gerência de projeto. Mas, não endereça especificamente essa questão.
Custo	Acompanhamento e controle. Mas, não endereça especificamente essa questão.	Gerência de projeto. Mas, não endereça especificamente essa questão.
Aquisição	Gerência de Contratos com fornecedores	Não tem processos que trate especificamente essa questão. Ela é coberta na norma pela Aquisição e Fornecimento e é gerenciada da mesma forma que um projeto interno à organização.
Recursos Humanos	A própria concepção do modelo diz que devem se ter habilidades para executar, mas não menciona explicitamente a necessidade de gerenciamento de recursos humanos através dos projetos da organização.	Recursos Humanos[3] Gerência do Conhecimento
Comunicação	Gerência de Configuração cobre parcialmente esse processo. A própria concepção do modelo diz que os processos devem ser comunicados, mas não menciona explicitamente a necessidade de comunicação dos produtos dos projetos para todos os envolvidos.	Gerência de Configuração cobre parcialmente esse processo. Mas, não menciona explicitamente esse processo
Risco	Gerência de Risco	Gerência de Risco
Garantia de Qualidade	Garantia de qualidade de produto e processo	Gerência da Qualidade

[1] A versão da norma e do CMM são as últimas versões disponíveis
[2] Gerência de Requisitos é um processo expandido no anexo da NBR ISO/IEC 12207 e está inserido no Processo de Desenvolvimento
[3] Gerência de Recursos Humanos é uma expansão proporcionado pelo anexo no processo de Treinamento da NBR ISO/IEC 12207

Conclusão

Esse artigo mostrou que os modelos originais da NBR ISO/IEC 12207 e o modelo CMM evoluíram suas práticas no decorrer dessa década, principalmente na inclusão de práticas gerenciais nos processos de software.

Apesar do SEI ter constatado que o principal problema que aflige as organizações de software é gerencial e de preconizar que "as organizações precisam vencer o seu buraco negro que é o seu estilo de gerenciar de forma informal e sem métodos e técnicas" [6] e, de todas as pesquisas evidenciarem que o problema é gerencial e não técnico, isso não está sendo representado devidamente nos modelos CMM e na NBR ISO/IEC 12207.

Ainda temos muito a evoluir em relação às práticas de gerência para alcançarmos o conhecimento contido no PMBOK, principalmente no que se refere aos processos que não estão cobertos na NBR ISO/IEC 12207 e CMM. Esses não estão sendo priorizados pelas indústrias de software.

Continuamos, ainda, apesar das pesquisas do Standish Group e do DOD, a enfatizar a tecnologia, as ferramentas e as novas formas de desenvolver projetos, que são selecionados erroneamente e não são avaliados os seus custos, e que poderão nunca vir a ser utilizados pelos usuários. Só que estamos fazendo isso com tecnologia e, talvez, de uma forma mais produtiva, ou seja, fazendo mais rápido o projeto errado.

Para que resolvamos esse problema é essencial que as organizações invistam tempo, recursos e priorizem a questão de gestão dos projetos, deixando a informalidade de lado e utilizando ferramentas, técnicas e método de gestão como os indicados pelo PMBOK para que consigamos ter mais eficácia nos nossos projetos.

Bibliografia

[1] Defense Science Board, Report of the Defense Science Board Task force on Acquiring Defense Software Commercially, Washington, D.C. June 1994.
[2] The Standish Group, "Chaos", www.standishgroup.com/visitor/voyahes.html, 1995.
[3] Project Management Institute – PMI. A guide to the project management body of knowledge. Syba: PMI Publishing Division, www.pmi.org, 1996.

228 CMMI ♦ Integração dos Modelos de Capacitação e Maturidade de Sistemas

[4] ABNT – Associação Brasileira de Normas Técnicas. NBR ISO/IEC 12207 – Tecnologia de informação – Processos de ciclo de vida de software. Rio de Janeiro: ABNT, 1998.

[5] International Standard Organization. ISO/IEC 12207 Amendment: Information Technology – Amendment to ISO/IEC 12207, versão PDAM 3, novembro/2000.

[6] PAULK M, et al. Capability Maturity Model for Software. Version 1.1. Technical report CMU/SEI-93-TR-24. Pittsburgh, PA: Software Engineering Institute, Carnegie Mellon University, 1993. http://www.sei.cmu.edu/pubs/documents/93.reports/pdf/93tr024.pdf

[7] SEI. CMMI Model Components Derived from CMMIsm – SE/SW, Version 1.0. Technical report CMU/SEI-00-TR-24. Pittsburgh, PA: Software Engineering Institute, Carnegie Mellon University, 2000.

[8] HUMPHREY, W. Characterizing the Software Process: A Maturity Framework, Version 1.0. Technical report CMU/SEI-87-TR-11. Pittsburgh, PA: Software Engineering Institute, Carnegie Mellon University, 1987.

[8] HUMPHREY, W. et al. A Method for Assessing the Software Engineering Capability of Contractors, Version 1.0. Technical report CMU/SEI-87-TR-23. Pittsburgh, PA: Software Engineering Institute, Carnegie Mellon University, 1987.

[9] FIORELI, S. et al. Engenharia de Software com CMM, Rio de Janeiro: Brasport, 1998.

Anexo 2

Modelo de Referência para Melhoria de Processo de Software: Uma Abordagem Brasileira*

*A íntegra deste artigo (considerado referencial em excelência), está disponível via Internet. Recomendamos a leitura das demais obras do(s) autor(es) do mesmo.

Kival C. Weber1, Ana Regina Rocha, Ângela Alves, Arnaldo M. Ayala, Austregésilo Gonçalves , Benito Paret , Clênio Salviano, Cristina F. Machado, Danilo Scalet , Djalma Petit¹, Eratóstenes Araújo, Márcio Girão Barroso, Kathia Oliveira, Luiz Carlos A. Oliveira, Márcio P. Amaral, Renata Endriss C. Campelo, Teresa Maciel
Sociedade SOFTEX – Sociedade para Promoção da Excelência do Software Brasileiro
COPPE/UFRJ – Universidade Federal do Rio de Janeiro
CenPRA – Centro de Pesquisas Renato Archer Núcleo SOFTEX de Campinas
RIOSOFT – Núcleo SOFTEX do Rio de Janeiro
CELEPAR – Companhia de Informática do Paraná
UCB – Universidade Católica de Brasília
CESAR – Centro de Estudos e Sistemas Avançados de Recife

Resumo

Estudos sobre a qualidade no setor de software brasileiro mostraram a necessidade de um esforço significativo capaz de aumentar a maturidade dos processos de software das empresas brasileiras. Este artigo descreve o Projeto mpsBr, uma iniciativa envolvendo universidades, grupos de pesquisa e empresas, sob coordenação da Sociedade SOFTEX (Sociedade para Promoção da Excelência do Software Brasileiro). Fundamentalmente, o projeto visa a criação e disseminação do Modelo de Referência para melhoria de processo de software (MRmps). Não é objetivo deste projeto definir algo novo no que se refere a normas e modelos de maturidade. A novidade do projeto está na estratégia adotada para sua implementação, criada para a realidade brasileira. O Modelo de Negócio definido para o projeto tem grande potencial de replicabilidade no Brasil e em outros países de características semelhantes, como, por exemplo, os países latino americanos.

1. Introdução

Pesquisas periódicas realizadas sobre a qualidade no setor de software mostram que é necessário um esforço concentrado para melhorar os processos de software no Brasil. Desde 1993, com a criação do PBQP Software (Subcomitê de Software do Programa Brasileiro da Qualidade e Produtividade), o Brasil investe na melhoria da Qualidade de Software (Weber, 1995, Weber, 2001). Entretanto, um estudo comparativo do MIT (*Massachussetts Institute of Technology*) (Veloso, 2003) constatou que realmente houve interesse na melhoria de processos de software no Brasil, nos últimos anos, mas que a empresa local favoreceu a ISO 9000 (ISO, 2000) em detrimento de outros modelos e padrões especificamente voltados para software. Segundo dados do MCT (Ministério da Ciência e Tecnologia), em 2003, o número de empresas que desenvolveu software no Brasil com certificação ISO 9000 era 214, enquanto o número de empresas com avaliação oficial CMM era 30.

Considerando-se estas 30 empresas, verifica-se que na base da pirâmide encontram-se 24 empresas no nível 2 e cinco empresas no nível 3. No topo da pirâmide há uma empresa no nível 4 e nenhuma no nível 5. Estes dados evidenciam que, para a melhoria dos processos de software no Brasil, há dois problemas a resolver nos próximos anos:

(i) no topo da pirâmide, a questão a ser resolvida é: *Como aumentar expressivamente o número de empresas com avaliação formal CMM/ CMMI níveis 4 e 5 no Brasil, com foco nas empresas exportadoras de software e em outras grandes empresas?*

(ii) na base da pirâmide, tem-se outra questão que exige uma resposta.

Anexo 2

Como melhorar radicalmente os processos de software no Brasil, com foco em um número significativo de micro, pequenas e médias empresas, de forma que estas atinjam os níveis de maturidade 2 e 3, a um custo acessível?

A solução para o primeiro problema está fora do escopo deste trabalho, exigirá um prazo longo (4 a 10 anos) e será apoiada pelo Projeto Qualificação de Profissionais no Modelo CMMI. Este trabalho descreve uma abordagem para solução do segundo problema, no período 2004-2006, no âmbito do Projeto mpsBr – Melhoria de Processo do Software Brasileiro. Os dois projetos são coordenados pela Sociedade SOFTEX (Sociedade para Promoção da Excelência do Software Brasileiro).

A Sociedade SOFTEX é uma entidade privada, sem fins lucrativos, que promove ações de empreendedorismo, capacitação, apoio à capitalização e ao financiamento, e apoio à geração de negócios no Brasil e no exterior, visando a aumentar a competitividade da indústria brasileira de software. Sua missão é transformar o Brasil em um centro de excelência mundial na produção e exportação de software. A Sociedade SOFTEX é a entidade nacional responsável pelo Programa SOFTEX, que coordena as ações de 31 Agentes SOFTEX, localizados em 23 cidades de 13 Unidades da Federação, com mais de 1300 empresas associadas (consulte www.softex.br).

Após esta seção introdutória, na seção 2 é descrito o Projeto mpsBr. Na seção 3 são resumidas as principais abordagens para melhoria de processo, que foram a base para a definição do Modelo de Referência (MRmps). A seção 4 apresenta o MRmps. A seção 5 descreve experiência-piloto em andamento e os próximos passos do projeto. Na seção 6, como conclusão, são destacadas as principais lições aprendidas até o momento e os diferenciais do projeto.

2 O Projeto mpsBr

Em 2003, a Qualidade tornou-se uma das prioridades da Sociedade SOFTEX, elencada como um dos seus Projetos Estruturantes. Desde dezembro de 2003, sete renomadas instituições brasileiras, com competências complementares na melhoria de processos de software em empresas, participam do projeto Melhoria do Processo de Software Brasileiro (mpsBr): a Sociedade SOFTEX, coordenadora do projeto; três instituições de ensino, pesquisa e centros tecnológicos

232 CMMI ♦ Integração dos Modelos de Capacitação e Maturidade de Sistemas

(COPPE/UFRJ, CESAR, CenPRA); uma sociedade de economia mista, a Companhia de Informática do Paraná (CELEPAR), hospedeira do Subcomitê de Software da Associação Brasileira de Normas Técnicas (ABNT); e duas organizações não-governamentais integrantes do Programa SOFTEX (Sociedade Núcleo de Apoio à Produção e Exportação de Software do Rio de Janeiro – RIOSOFT e Sociedade Núcleo SOFTEX 2000 de Campinas). Desde o início do projeto, a COPPE/UFRJ convidou a Universidade Católica de Brasília (UCB) para ser sua parceira no projeto, que assim se uniu ao grupo.

O Projeto mpsBr visa a melhoria de processos de software em empresas brasileiras, a um custo acessível, especialmente na grande massa de micro, pequenas e médias empresas. Tem como objetivo principal definir e implementar o Modelo de Referência para melhoria de processo de software (MRmps) em 120 empresas, até junho de 2006, com perspectiva de mais 160 empresas nos dois anos subseqüentes.

O projeto tem como objetivos secundários disseminar, em diversos locais no país: a capacitação no uso do modelo (cursos de Introdução ao MRmps e cursos e provas para Consultores de Implementação e Avaliadores do modelo); o credenciamento de instituições implementadoras e/ou avaliadoras do modelo, especialmente instituições de ensino e centros tecnológicos; a implementação e avaliação do modelo com foco em grupos de empresas. O projeto compreende seis etapas. A 1ª etapa, finalizada em março de 2004, teve como objetivo organizar o projeto, estabelecer seus objetivos e definir a primeira versão do Modelo de Referência (MRmps). A 2ª etapa, concluída em junho de 2004, teve como objetivos o aprimoramento do Modelo de Referência, o início das atividades de treinamento no modelo e a realização de experiências iniciais de uso do MRmps em empresas. A partir de julho de 2004, em quatro etapas semestrais, estão sendo realizadas implementações em outras empresas, em diversos locais (especialmente onde houver Agente SOFTEX interessado e instituições credenciadas para implementação e/ou avaliação do modelo).

Normalmente, a implementação e avaliação de modelos como o CMMI, mesmo nos seus níveis mais baixos (2 e 3), está fora do alcance da micro, pequena e média empresa, especialmente no Brasil, devido ao seu custo elevado. Para resolver este problema, o Projeto mpsBr criou dois modelos:

    (i)   o Modelo de Referência para melhoria de processo de software (MRmps), que será descrito na seção 3, e,

Anexo 2 **233**

(ii) o Modelo de Negócio para melhoria de processo de software (MN mps), descrito nesta seção.

No Brasil, algumas instituições e um bom número de Agentes SOFTEX têm experiência na formação e gestão de grupos de empresas para melhoria de processo de software, seja de grupos de empresas voltados à implementação e certificação ISO 9000 (Weber et al, 1997) seja de grupos de empresas voltados à implementação e avaliação CMM e CMMI. A partir destas experiências concebeu-se para o projeto mpsBr um modelo de negócios que prevê duas situações:

(iii) a implementação do MRmps de forma personalizada para uma empresa (MNE – Modelo de Negócio Específico);

(iv) a implementação do MRmps de forma cooperada em grupos de empresas (MNC – Modelo de Negócio Cooperado), com custo mais acessível às micro, pequenas e médias empresas por dividir proporcionalmente parte dos custos entre as empresas e por se buscar outras fontes de financiamento.

Para a implementação do MRmps e a realização de avaliações segundo o modelo, existirão instituições credenciadas. O credenciamento será feito pelo Forum de Credenciamento e Controle (FCC) do projeto. No momento do credenciamento, a Sociedade SOFTEX sempre assina um convênio com as instituições credenciadas. Os procedimentos e condições para o credenciamento serão descritos na seção 4 ao detalharmos o Modelo de Referência.

No Modelo de Negócio Específico para uma empresa (MNE), cada empresa interessada negocia e assina um contrato específico com uma das Instituições Credenciadas para Implementação (ICI) do MRmps. Para avaliação, negocia e assina um outro contrato específico com uma das Instituições Credenciadas para Avaliação (ICA). A entidade coordenadora do Projeto mpsBr (Sociedade SOFTEX) toma conhecimento, através da ICI ou ICA, do contrato e dos resultados da implementação e/ou avaliação na empresa.

No Modelo de Negócio Cooperado (MNC), o primeiro passo, é a constituição de um grupo de empresas interessadas na implementação do MRmps (o que pode acontecer, por exemplo, por iniciativa de um Agente SOFTEX). A partir de sua constituição, a coordenação do grupo de empresas irá negociar e

234 CMMI ♦ Integração dos Modelos de Capacitação e Maturidade de Sistemas

assinar um contrato com uma das Instituições Credenciadas para Implementação (ICI) do MRmps. Posteriormente, irá negociar e assinar um outro contrato para avaliação das empresas com uma das Instituições Credenciadas para Avaliação (ICA). Neste caso, a Sociedade SOFTEX toma conhecimento da implementação e/ou avaliação no grupo de empresas, através da ICI ou ICA, e assina um convênio com a entidade organizadora do grupo de empresas (por exemplo, um Agente SOFTEX), sempre que pertinente. Assim, a Sociedade SOFTEX e seus Agentes Regionais estarão acelerando a velocidade de implementação da melhoria de processos de software no Brasil, especialmente na micro, pequena e média empresa.

3 Modelos e Normas de Processo de Software

Fundamentalmente, o Projeto mpsBr visa a criação e disseminação do Modelo de Referência para melhoria de processo de software (MRmps). Não é objetivo do projeto definir algo novo no que se refere a Normas e Modelos de Maturidade. A novidade do projeto está na estratégia adotada para sua implementação, criada para a realidade brasileira. Além disto, o Modelo de Negócio definido para o projeto tem grande potencial de replicabilidade no Brasil e em outros países de características semelhantes, como por exemplo os países latino-americanos. Desta forma modelos, normas e métodos já disponíveis foram ponto de partida para a definição do Modelo de Referência.

O ponto de partida para definição do MRmps foi, então, a análise da realidade das empresas brasileiras, a norma ISO/IEC 12207, a série de normas ISO/IEC 15504 (SPICE) e o modelo CMMI (*Capability Maturity Model Integration*), que descrevemos sucintamente a seguir.

Em 1988, foi proposto o desenvolvimento da Norma ISO/IEC 12207 (NBR ISO/IEC 12207, 1998) dentro de um esforço conjunto da ISO – *International Organization for Standardization* e do IEC – *International Electrotechnical Commission* em estabelecer uma estrutura comum para os processos de ciclo de vida de software como forma de ajudar as organizações a compreenderem todos os componentes presentes na aquisição e fornecimento de software e, assim, conseguirem firmar contratos e executarem projetos de forma mais eficaz. A Norma foi publicada internacionalmente em 1995 e no Brasil em 1998.

Anexo 2 **235**

Em 2002, foi feita uma atualização na norma ISO/IEC 12207 (ISO/IEC PDAM 12207, 2002) em forma de anexo que visava representar a evolução da engenharia de software, as necessidades **SOFTEX Governo Universidades CMMI ISO/IEC 15504 (SPICE) Modelo de Referência para Melhoria do Processo de Software ISO/IEC 12207 Realidade das Empresas Brasileiras** vivenciadas pelos usuários da norma e a harmonização com a série de normas ISO/IEC 15504 – Avaliação de Processos de Software. Essa atualização inseriu processos e acrescentou na sua descrição propósito e resultados de implementação o que possibilita a avaliação da capacidade do processo. A norma, incluindo o seu anexo, é composta por 22 processos, 95 atividades, 325 tarefas e 254 resultados. Todos esses processos, executados durante o projeto de software, conduzem à qualidade tanto do produto quanto do processo. Entretanto, a norma deixa para a organização definir "como" os processos serão executados conservando dessa forma a flexibilidade necessária para que os países e as organizações a implementem de acordo com a cultura local e a tecnologia empregada.

A ISO/IEC 12207 tem sido amplamente utilizada em muitos países como referência para contratação de serviços de desenvolvimento e manutenção de software. No Brasil, muitas organizações têm tomado conhecimento da existência da norma e algumas já a utilizam para definição de processos de desenvolvimento de software. Muitos trabalhos de pesquisa têm utilizado a norma, o que vislumbra uma ampla utilização da mesma no futuro. Em setembro de 1992, a ISO realizou um estudo chamado "Necessidades e Exigências para uma Norma de Avaliação de Processos de Software". O trabalho concluiu que era pertinente a elaboração de um padrão que fosse aplicável à melhoria de processos e à determinação da capacidade. Este padrão deveria considerar os métodos e normas já existentes (como por exemplo, o CMM e a ISO 9001), abranger todos os processos de software e ser construído pelos especialistas que já desenvolviam e trabalhavam com os métodos e normas existentes à época.

Como resultado desse primeiro trabalho, a ISO iniciou em janeiro de 1993 o projeto SPICE (*Software Process Improvement and Capability dEtermination*) com o objetivo de produzir inicialmente um Relatório Técnico que fosse, ao mesmo tempo, mais geral e abrangente que os modelos existentes e mais específico que a norma ISO 9001 (Salviano, 2001). Uma versão do SPICE foi aprovada em 1998 como Relatório Técnico e, em 2003, foi publicada a Norma ISO/IEC 15504 (ISO/IEC, 2003).

236 CMMI ♦ Integração dos Modelos de Capacitação e Maturidade de Sistemas

A ISO/IEC 15504 (SPICE) presta-se à realização de avaliações de processos de software com dois objetivos: a melhoria de processos e a determinação da capacidade de processos de uma organização. Se o objetivo for a melhoria de processos, a organização pode realizar a avaliação gerando um perfil dos processos que será usado para a elaboração de um plano de melhorias. A análise dos resultados identifica os pontos fortes, os pontos fracos e os riscos inerentes aos processos. No segundo caso, a empresa tem o objetivo de avaliar um fornecedor em potencial, obtendo o seu perfil de capacidade. O perfil de capacidade permite ao contratante estimar o risco associado à contratação daquele fornecedor em potencial para auxiliar na tomada de decisão de contratá-lo ou não (Salviano, 2001, ISO/IEC, 2003)

O modelo SW-CMM (*Capability Maturity Mo*del) foi definido no SEI (*Software Engineering Institute*) a pedido do Departamento de Defesa dos Estados Unidos. A partir de 1991, foram desenvolvidos CMMs para várias disciplinas (engenharia de sistemas, engenharia de software, aquisição de software, gerência e desenvolvimento da força de trabalho, desenvolvimento integrado do processo e do produto). Embora estes modelos tenham mostrado sua utilidade, o uso de múltiplos modelos mostrou-se problemático. O CMMI surgiu para resolver o problema de se usar vários modelos e é o resultado da evolução do SW-CMM, SECM (*System Engineering Capability Model*) e IPD-CMM (*Integrated Product Development Capability Maturity Model*). É, portanto, o sucessor destes modelos. Além disso o CMMI foi desenvolvido para ser consistente e compatível com a ISO/IEC 15504 (Chrissis, 2003).

Existem dois tipos de representação no CMMI: em estágios e contínua. Tem-se, assim, um único modelo que pode ser visto de duas perspectivas distintas. A representação em estágios é a representação usada no SW-CMM. Esta representação define um conjunto de áreas de processo para definir um caminho de melhoria para a organização, descrito em termos de níveis de maturidade. A representação contínua é o enfoque utilizado no SECM, no IPD-CMM e também no SPICE.

Este enfoque permite que uma organização selecione uma área de processo específica e melhore com relação a esta área. A representação contínua usa níveis de capacidade para caracterizar melhoria relacionada a uma área de processo.

Uma questão que se apresenta para as organizações é, então: que modelo escolher? Se a organização é familiar com o SW-CMM, a representação em estágios será a mais adequada para migrar para o CMMI. Esta representação, também, é a mais adequada se a organização necessita demonstrar externamente o seu nível de maturidade. Entretanto, não há obrigatoriedade de se escolher uma representação em detrimento da outra. Mais de 80% do conteúdo das duas representações são comuns e elas oferecem resultados equivalentes. Raramente as organizações implementam uma representação exatamente como ela é prescrita. Por exemplo, uma organização pode escolher a representação em estágios para implementar o nível 2, mas incluir uma ou duas áreas de processo de nível 3 em seu plano de melhoria. Outra possibilidade é uma organização escolher a representação contínua para guiar internamente o seu processo de melhoria e, no momento de realizar a avaliação, escolher a representação em estágios (Chrissis, 2003).

O conteúdo do CMMI pode ser classificado como "requerido", "esperado" e "informativo". O material mais importante é o "requerido". Estes itens são essenciais para o modelo e para o entendimento do que é necessário para a melhoria do processo e para a demonstração de conformidade com o modelo. Em segundo lugar, os itens "esperados", que embora possam não estar presentes em uma organização, por não serem essenciais, são fortes indicadores de que um item "requerido" foi alcançado. Por fim, tem-se o material informativo que constitui um guia para a implementação do modelo. Os únicos componentes requeridos do CMMI são os objetivos.

Quando um objetivo é específico de uma área de processo, é chamado de objetivo específico. Quando um objetivo pode ser aplicado em todas as áreas de processo, ele é chamado de objetivo genérico. Os componentes esperados do CMMI são as práticas. Cada prática está mapeada para apenas um objetivo. Quando uma prática é específica de uma área de processo, é chamada de prática específico. Quando uma prática pode ser aplicada em todas as áreas de processo, ela é chamada de prática genérica (Ahern, 2001, Chrissis, 2003).

Um modelo em estágios fornece um roteiro predefinido para a melhoria de processos na organização baseado em um agrupamento e ordenação de processos. O termo "estágios" vem da forma como o modelo descreve este roteiro, isto é, como uma série de estágios chamados níveis de maturidade. Cada nível de maturidade tem um conjunto de áreas de processo que indicam onde a organização deve colocar o foco de forma a melhorar o seu processo. Cada área de processo é descrita em termos das práticas que contribuem para alcançar seus objetivos. O progresso ocorre pela satisfação dos objetivos de todas as áreas de processo relacionadas a um determinado nível de maturidade. As áre-

238 CMMI ♦ Integração dos Modelos de Capacitação e Maturidade de Sistemas

as de processo do CMMI estão organizadas em quatro níveis de maturidade na representação em estágios, pois o nível 1 não possui áreas de processo.

O CMMI fornece um método de avaliação rigoroso para *benchmarking*, chamado SCAMPI, que implementa os sete princípios das avaliações CMMI (Chrissis, 2003): patrocínio da gerência senior, foco nos objetivos de negócio da organização, confidencialidade das entrevistas, uso de um método de avaliação documentado, uso de um modelo de referência de processo como base (CMMI), enfoque de equipe colaborativa e foco em ações para melhoria do processo.

Uma avaliação SCAMPI é dividida em três fases (Ahern, 2001):

(i)   planejamento inicial e preparação;

(ii) avaliação no local;

(iii) relato de resultados.

Uma avaliação SCAMPI deve ser liderada por avaliador treinado e autorizado pelo SEI (um *lead appraiser* SCAMPI). A equipe avaliadora deve ter no mínimo quatro membros e no máximo dez. O método de avaliação SCAMPI está em conformidade com o método de avaliação da ISO/IEC 15504 (SPICE).

4. Modelo de Referência para Melhoria de Processo de Software

O Modelo de Referência para melhoria de processo de software (MRmps) compreende níveis de maturidade e um método de avaliação.

4.1 Implementação do MRmps

A norma de referência para os processos de ciclo de vida de software no MRmps é a ISO/IEC 2207 conforme sua atualização publicada em 2002. Esta norma pode ajudar as organizações na definição de seus processos pois ela contém uma clara definição da arquitetura, terminologia e responsabilidades inerente a processos. Essa atualização inseriu processos e acrescentou na sua descrição propósito e resultados de implementação, o que possibilita a avaliação da capacidade do processo. A norma, incluindo o seu anexo, é composta por:

Anexo 2

- **Processos fundamentais**: Aquisição, Fornecimento, Desenvolvimento, Operação e Manutenção;
- **Processos de apoio**: Documentação, Gerência de Configuração, Garantia da Qualidade, Verificação, Validação, Revisão Conjunta, Auditoria, Resolução de Problemas e Usabilidade;
- **Processos organizacionais**: Gerência, Infra-estrutura, Melhoria, Recursos Humanos, Gestão de Ativos, Gestão de Programa de Reuso e Engenharia de Domínio.

Cada organização interessada em implementar o MRmps deve, a partir deste conjunto, selecionar os processos que lhe são pertinentes conforme o processo de adaptação.

Desta forma, no MRmps, a norma internacional ISO/IEC 12207 é o *framework* para a definição de processos. Os resultados esperados da implementação dos processos são uma adaptação para o MRmps dos resultados esperados nos processos e atividades da ISO/IEC 12207. A implementação do mps pode ter soluções diferenciadas dependendo das características, necessidades e desejo das organizações. Por exemplo, quando a organização desejar ter aderência de seus processos ao CMMI, esta pode se apoiar nas áreas de processo deste modelo para obter diretrizes sobre como definir e implementar os seus processos. A norma ISO/IEC 12207, por sua vez, contém atividades e tarefas descritas de forma detalhada que podem auxiliar na implementação das áreas de processo.

4.2 Níveis de Maturidade

Os níveis de maturidade estabelecem uma forma de prever o desempenho futuro de uma organização com relação a uma ou mais disciplinas. Um nível de maturidade é um patamar definido de evolução de processo. Cada nível de maturidade estabelece uma parte importante do processo da organização.

No MRmps a maturidade de processo está organizada em duas dimensões: a *dimensão capacidade* (*capability dimension*) e a *dimensão processo* (*process dimension*). A dimensão da capacidade é um conjunto de atributos de um processo que estabelece o grau de refinamento e institucionalização com que o processo é executado na organização. À medida que evolui nos níveis,

240 CMMI ♦ Integração dos Modelos de Capacitação e Maturidade de Sistemas

um maior ganho de capacidade de desempenhar o processo é atingido pela organização. Os níveis estabelecem uma maneira racional para aprimorar a capacidade dos processos definidos no MRmps.

A dimensão de Processos é baseada na ISO/IEC 12207 e estabelece o que a organização deveria executar para ter qualidade na produção, fornecimento, aquisição e operação de software. A interseção dessas duas dimensões define a maturidade do processo que no MRmps são sete níveis de maturidade:

A (Em Otimização),
B (Gerenciado Quantitativamente),
C (Definido),
D (Largamente Definido),
E (Parcialmente Definido),
F (Gerenciado) e
G (Parcialmente Gerenciado).

Para cada um destes níveis de maturidade foram atribuídas áreas de processo, com base nos níveis 2, 3, 4 e 5 do CMMI em estágios. Esta divisão tem uma gradação diferente do CMMI em estágios com o objetivo de possibilitar uma implementação mais gradual e adequada às micro, pequenas e médias empresas brasileiras. A possibilidade de se realizar avaliações considerando mais níveis permite uma visibilidade dos resultados de melhoria de processo, na empresa e no país, com prazos mais curtos. Para cada área de processo são considerados objetivos e práticas específicos, de acordo com o Nível de Maturidade em questão.

Consideremos novamente o exemplo anterior de organização. Para esta empresa o adequado é buscar de início uma avaliação Nível F do mpsBr, cujos resultados pretendidos são compatíveis com o nível 2 do CMMI. Ao evoluir seus processos buscando o nível E do MRmps e ainda a compatibilidade com o CMMI, a empresa deverá introduzir todas as áreas de processo relativas a Engenharia do nível 3 do CMMI: Desenvolvimento de Requisitos, Solução Técnica, Integração do Produto, Verificação e Validação. A evolução para o nível D implicará em implementar as áreas de processo Treinamento Organizacional, Foco no Processo Organizacional, Definição do Processo Organizacional e Gerência Integrada do Produto. Para o nível C deverá

Anexo 2 . **241**

implementar as áreas de processo Gerência de Riscos, Análise e Resolução da Decisão e Gerência Integrada de Fornecedores. Os níveis B e A correspondem, de forma idêntica, aos níveis 4 e 5 do CMMI.

4.3 Método de Avaliação

A avaliação das organizações segundo o MRmps deverá ser realizada considerando-se a aderência às áreas de processo estabelecidas para cada nível de maturidade e a adequação das práticas que implementam as áreas de processo. O método de avaliação foi definido com base na ISO/IEC 15504.

O nível de implementação das práticas relacionadas a uma área de processo é avaliado a partir de Indicadores. Estes indicadores, que devem ser definidos pela empresa para cada prática relacionada a uma área de processo, podem ser de um dos três tipos a seguir: Direto, Indireto ou Afirmação. Indicadores Diretos são produtos intermediários, resultado de uma atividade. Indicadores Indiretos são, em geral, documentos que indicam que uma atividade foi realizada. Afirmações são resultantes de entrevistas com a equipe dos projetos avaliados, onde os entrevistados relatam como uma prática foi implementada. O nível de implementação de uma prática é avaliado de acordo com quatro níveis:

MTI – Totalmente Implementada;
LI – Largamente Implementada;
PI – Parcialmente Implementada, e,
NI- Não Implementada.

A Tabela 2 contém as regras para caracterizar o grau de implementação das práticas, completamente aderentes à norma ISO/IEC 15504 (SPICE). Os pontos nesta escala devem ser entendidos como uma porcentagem que representa o grau de alcance. A decisão final sobre o grau de implantação de um processo é da equipe de avaliação, considerando os resultados da avaliação nos projetos avaliados.

Uma empresa é considerada de nível A, B, C, D, E, F ou G se todas as suas áreas, unidades, visões ou setores tiverem sido avaliados como naquele nível. Uma empresa, entretanto, pode desejar ter avaliado apenas um ou alguns de seus setores, áreas, unidades ou divisões (organização a ser avaliada).

242 CMMI ♦ Integração dos Modelos de Capacitação e Maturidade de Sistemas

Tabela 2 – Regras para Caracterizar o grau de implementação das práticas

Grau de Implementação da Prática	Caracterização	Grau de alcance
Totalmente Implementado	• O indicador direto está presente e julgado adequado • Existe pelo menos um indicador indireto e/ou afirmação para confirmar a implementação • Não foi notada nenhuma fraqueza substancial	> 85% a 100%
Largamente Implementado	• O indicador direto está presente e julgado adequado • Existe pelo menos um indicador indireto e/ou afirmação para confirmar a implementação • Foi notada uma ou mais fraquezas	> 50% a 85%
Parcialmente Implementado	• O indicador direto não está presente ou é julgado inadequado • Artefatos ou afirmações sugerem que alguns aspectos da prática estão implementados • Fraquezas foram documentadas	> 15% a 50%
Não Implementado	• Qualquer situação diferente das acima	0 a 15%

É possível que, como resultado de uma ou mais avaliações, partes de uma empresa tenham alcançado um determinado nível e partes da mesma um outro nível. Em qualquer caso, o documento comprobatório da avaliação deverá explicitar o que foi objeto de avaliação (escopo da avaliação) e o nível resultante de maturidade.

Para realização de uma avaliação devem ser submetidos todos os projetos concluídos e todos os projetos em andamento a partir da implementação MRmps na empresa ou na organização que será avaliada. Durante o planejamento da avaliação, a instituição avaliadora deve selecionar um subconjunto suficiente de projetos que garanta a representatividade da organização a ser avaliada. Este número, entretanto, não deve ser inferior a dois projetos concluídos e dois projetos em andamento. Algumas empresas podem desenvolver um único produto. Isto entretanto não é impedimento para a avaliação, pois projetos são entendidos em sentido amplo, incluindo projetos de manutenção no produto. O resultado de uma avaliação tem validade de dois anos.

Uma Guia Geral descreve o MRmps. Diretrizes para implementação, avaliação e aquisição segundo o MRmps são descritas em guias específicas. Essas guias estão sendo elaboradas e refinadas pela equipe técnica do modelo. Tem-se neste momento uma versão preliminar da Guia Geral, orientando a experiência-piloto. A partir das guias específicas, diferentes instituições poderão definir sua estratégia de implementação e/ou avaliação de acordo com o MRmps e submetê-las para credenciamento junto ao Fórum de Credenciamento e Controle (FCC), formado por representantes do governo, da Sociedade SOFTEX e das Universidades. Após o credenciamento pelo FCC, uma instituição está apta para apoiar empresas na implementação do MRmps e/ou avaliar a aderência das mesmas ao modelo. Para solicitar o seu credenciamento, as instituições devem submeter previamente um documento com o seguinte conteúdo:

- Apresentação da Instituição proponente, contendo dados da organização com ênfase na experiência em processos de software;
- Estratégia de implementação do modelo de referência, caso deseje se credenciar para isto;
- Estratégia de avaliação segundo o método de avaliação, caso deseje se credenciar para isto;
- Estratégia para seleção e treinamento de consultores de implementação, se pertinente
- Estratégia para seleção e treinamento de avaliadores, se pertinente;
- Se pertinente, lista de consultores de implementação, onde para cada candidato a consultor deve ser apresentado o *curriculum vitae*, o comprovante de presença em curso introdutório sobre o MRmps e comprovante de aprovação em prova de conhecimentos sobre o modelo;
- Se pertinente, lista de avaliadores, onde para cada candidato a avaliador deve ser apresentado o *curriculum vitae*, o comprovante de presença em curso introdutório sobre o MRmps e o comprovante de aprovação no curso sobre o método de avaliação.

5 Experiência-piloto e Próximos Passos do Projeto

A partir de dezembro de 2003, inicialmente, foram identificados os seus objetivos estratégicos, estabelecido o Plano de Ação e definido o MRmps. A seguir, foram realizadas experiências em empresas, sob a coordenação do grupo responsável pela definição do modelo, aprimorando o MRmps de modo iterativo.

No Rio de Janeiro, o MRmps está sendo implementado pela COPPE/UFRJ em 18 pequenas e médias empresas, que constituem dois grupos organizados pela RIOSOFT. Estas empresas partilharam as atividades de treinamento, que constaram de 44 horas de aula em temas de Engenharia de Software e 20 horas no MRmps e nos processos a serem implementados. Foram definidas duas estratégias de implementação. Algumas empresas optaram por iniciar seu processo de melhoria seguindo rigorosamente os níveis do MR e, desta forma, estão concentradas nas áreas de processo do nível de maturidade G. Outro conjunto de empresas decidiu iniciar o trabalho englobando os níveis F e G e a área de processo Medição e Análise, de forma a já iniciar o processo de melhoria com a implementação das áreas de processo equivalentes ao nível de maturidade 2 do CMMI. As duas estratégias são perfeitamente compatíveis com o MR e com os objetivos do projeto mps. Para apoiar a implementação do modelo estas empresas contam com consultores da COPPE/UFRJ e um ambiente de desenvolvimento de software com ferramentas de apoio desenvolvidas para apoiar as áreas de processo (Oliveira, 2004, Villela, 2004, Montoni, 2004, Farias, 2003).

Outros grupos estão se formando em diferentes locais do país e iniciarão suas atividades no 2º semestre de 2004. Teve, também, início a implementação do MRmps em três grandes organizações do governo brasileiro, o que está sendo feito segundo o Modelo de Negócio Específico.

Foram, também, iniciadas as atividades de treinamento e credenciamento. Foram realizados três *workshops* do Projeto mps (em São Paulo, Brasília e Recife) e um curso introdutório ao modelo (no Rio de Janeiro), com ampla participação de empresas, governo e pesquisadores. Já foi, também, realizada a primeira prova de conhecimento para implementadores do modelo. A partir dos resultados da prova se dará início ao credenciamento de instituições para implementação, pelo Forum de Credenciamento e Controle (FCC). Espera-se poder credenciar instituições para implementação em várias cidades do Brasil, entre elas São Paulo, Campinas, Recife, Rio de Janeiro, Fortaleza, Porto Alegre, Brasília, Belo Horizonte e Curitiba. Outros cursos e *workshops* sobre o modelo estão agendados em Porto Alegre, Campinas, Manaus, Fortaleza, Rio de Janeiro e Belo Horizonte. Serão realizadas duas outras provas de conhecimento para implementadores do modelo ainda este ano em outubro e dezembro. Também, esperamos dar início ao credenciamento de instituições avaliadoras, de forma que as primeiras empresas possam ser avaliadas no início de 2005.

6 Conclusão

Neste artigo apresentamos o projeto mps. Este projeto vem alcançando um alto grau de adesão por parte de empresas privadas e organismos governamentais. A busca por uma solução que realmente atenda à realidade brasileira tem envolvido um amplo debate e o esforço conjunto de uma grande equipe, com representantes de várias regiões do país.

Anexo 2 **245**

Algumas lições aprendidas já podem ser relatadas a partir deste esforço e das primeiras experiências de implementação do modelo:

(i) é necessário ter-se um modelo abrangente que permita uma grande variedade de formas de implementação, dependendo das particularidades e do porte das empresas envolvidas;

(ii) o Modelo de Negócio Cooperado tem-se mostrado adequado e capaz de atender à realidade de pequenas e médias empresas por permitir a implementação do modelo a um custo mais acessível;

(iii) no Modelo de Negócio Cooperado, um aspecto fundamental para o sucesso da implementação do MRmps nas experiências-piloto tem sido a experiência e grau de formação dos implementadores, bem como a existência de uma coordenação do grupo de empresas que direcione adequadamente as ações do grupo;

(iv) para grandes empresas, empresas com grande grau de especificidade ou para empresas que já tenham um processo implementado, o Modelo de Negócio Específico e personalizado tem-se mostrado mais adequado;

(v) o grau de exigência para credenciamento de instituições implementadoras e avaliadoras tem sido valorizado por todos os segmentos envolvidos;

(vi) as atividades de formação têm sido avaliadas muito positivamente e pretendemos aumentar sua abrangência e profundidade.

O projeto tem sete diferenciais que o caracterizam:

(i) sete níveis de maturidade que permitem uma implementação gradual, adequada à micro, pequena e média empresa, e que permitem aumentar a visibilidade do processo de melhoria;

(ii) compatibilidade com a ISO/IEC 12207, a ISO/IEC 155504 (SPICE) e CMMI;

(iii) ser criado para a realidade brasileira;

(iv) custo acessível;

(v) avaliação periódica (de 2 em 2 anos);

(vi) grande potencial de replicabilidade no Brasil e em outros países; e,

(vii) ter sido definido e ser implementado em forte interação universidade-empresa, o que constitui um catalisador do desenvolvimento tecnológico e de negócios.

246 CMMI ♦ Integração dos Modelos de Capacitação e Maturidade de Sistemas

Referências

1. (Ahern, 2001) Ahern,D.M., Clouse,A, Turner,R. CMMI Distilled: a Practical Introduction to Integrated Process Improvement, Addison-Wesley, 2001
2. (Chrissis, 2003) Chrissis,M.B., Konrad,M, Shrum,S. CMMI: Guidelines for Process Integration and Product Improvement, Addison-Wesley, 2003
3. (Farias, 2003) Farias,L.L., Travassos,G,H., Rocha, AR Managing Organizational Risk Knowledge, Journal of Universal Computer Science, vol 9 n 7 (2003), 670- 681, julho 2003
4. (ISO, 2000) ISO 9001:2000 - Sistemas de Gestão da Qualidade – Requisitos, 2000
5. (ISO/IEC PDAM 12207, 2002) INTERNATIONAL STANDARD ORGANIZATION. *ISO/IEC 12207 Information Technology - Amendment to ISO/IEC 12207*. Montreal: ISO/IEC JTC1 SC7, 2002.
6. (ISO/IEC, 2003) ISO/IEC 15504 –1 Information Technology – Process Assessment, - Part 1: Concepts and Vocabulary, 2003
7. (Montoni, 2004) Montoni,M., Miranda, R., Rocha,A.R., Travassos,G. "Knowledge acquisition and Communities of Practice: an Approach to Convert Individual Knowledge to Multi-Organizational Knowledge", VI International Workshop on Learning Software Organizations. Banff, Canada, junho 2004
8. (NBR ISO/IEC 12207, 1998) ABNT - ASSOCIAÇÃO BRASILEIRA DE NORMAS TÉCNICAS. *ISO/IEC 12207 - Tecnologia de Informação - Processos de ciclo de vida de software.* Rio de Janeiro: ABNT, 1998. (Oliveira, 2004) Oliveira, K,, Zlot,F., Rocha, AR., Travassos,G., Galotta,C., Menezes,C. Domain Oriented Software Development Environment, Journal of Systems and Software, vol 72/2 pp 145-161
9. (Salviano, 2001) Salviano,C., Cunha,M.A.V.C., Côrtes,M.L, Oliveira,W.L. SPICE in Rocha,A.R.C., Maldonado,J.C, Weber, K.C. (eds) Qualidade de Software: Teoria e Prática. São Paulo, Prentice Hall, 2001
10. (Veloso et al, 2003) Veloso, F., Botelho, A. J. J., Tschang, T., Amsden, A. Slicing the Knowledge-based Economy in Brazil, China and India: A Tale of 3 Software Industries. Report. Massachussetts Institute of Technology (MIT), setembro 2003.
11. (Villela, 2004) Villela,K., Santos,G., Schnaider,L, Rocha,A.R., Travassos,G. "Building ontology based tools for a software development environment",

VI International Workshop on Learning Software Organizations. Banff, Canada, junho 2004

12. (Weber, 1995) Weber, K. C., Pinheiro, M. Software Quality in Brazil. Quality World Magazine, vol. 21, issue 1.1. The Institute of Quality Assurance (IQA). London, UK, novembro 1995.

13. (Weber, 1997) Weber, K.C., Almeida, R.A.R., Amaral, H.G., Gunther, P.S., Xavier, J.H.F., Loures, R. "ISO 9001/TickIT Certification in Brazilian Software Companies". 5th International Conference on Software Quality Management (SQM'97). Bath, UK, março 1997.

14. (Weber, 2001) Weber, K. C., Rocha, A. R. C., Nascimento, C. J. Qualidade e Produtividade em Software, 4ª edição renovada. São Paulo, Makron Books, 2001.

Anexo 3

Gerência de Risco no CMMI*

*A íntegra deste artigo (considerado referencial em excelência), está disponível via Internet. Recomendamos a leitura das demais obras do(s) autor(es) do mesmo.

**Machado, Cristina Ângela Filipak
A-Risk: Um método para identificar e quantificar risco de prazo em projetos de desenvolvimento de software. Dissertação – Pontifícia Universidade Católica do Paraná. Programa de Pós-Graduação em Informática Aplicada.**

2.1 Introdução

Risco, como ciência, nasceu no século XVI, no Renascimento. Foi numa tentativa de entender os jogos de azar que Blaise Pascal, em 1654, descobriu a "teoria da probabilidade" e criou o "Triângulo de Pascal", que determina a probabilidade de ocorrer possíveis saídas, dado um certo número de tentativas [BERNSTEIN, 1997].

No século XX, a gerência de risco foi difundida, estudada e utilizada principalmente nas áreas de saúde, finanças, seguro de vida e gerência de portfólio. Para essas empresas, a gerência de risco não é coisa ruim; ao contrário, a gerência de risco é o negócio. Todos os projetos nessas áreas tratam riscos, pois os lucros dependem de oportunidades atrativas, balanceadas por riscos bem calculados.

Risco na área de software foi representado de forma sistemática por Barry Boehm, nos anos 80, através do modelo em Espiral [BOEHM, 1988], que tem como princípio ser iterativo e dirigido a riscos, pois a cada iteração é feita uma análise de risco.

Atualmente, a área que trata riscos na engenharia de software evoluiu, passando de uma análise dentro do modelo de desenvolvimento, como era a proposta do modelo em espiral, para se tornar uma gerência que deve permear todos os processos do ciclo de vida de software. Os riscos, em software, não podem ser meros tópicos da agenda; devem ser o coração do negócio, como ocorre em outras áreas [CHADBOURNE, 1999].

A gerência de risco é entendida como um procedimento geral para a resolução de riscos. Ou seja, quando for aplicada a gerência de risco em alguma instância, as possíveis conseqüências são todas aceitáveis, podendo haver convivência com o pior resultado esperado. O risco é apresentado de alguma forma e em algum grau na maioria das atividades humanas e é caracterizado por: ser parcialmente conhecido, mudar com o tempo e ser gerenciável no sentido que uma ação humana pode ser aplicada para mudar a sua forma e o grau do seu efeito. O processo de gerência de risco inicia com incertezas, preocupações, dúvidas e desconhecimentos que se transformam em riscos aceitáveis.

Muitos trabalhos têm sido desenvolvidos tentando caracterizar o escopo e o relacionamento da gerência de risco em relação à gerência de projetos em geral. Isso é importante na definição do método, a parte fundamental dessa dissertação, pois ele sempre deve atender aos objetivos do processo. O processo define "o que" será feito. De acordo com a Norma NBR 8402/94, entende-se por processo um conjunto de atividades inter-relacionadas que transforma entradas em saídas [ABNT, 1994] ou; segundo o IEEE, é uma seqüência de passos executada para um dado propósito [IEEE 610.12, 1990]. Já um método é um procedimento especificado que pode ser utilizado para executar as atividades do processo. Ele diz "como fazer" [PRESSMAN, 2001].

Neste capítulo será detalhado o contexto onde se insere a gerência de risco no ciclo de vida de software, a relação entre gerência de risco e gerência de projetos em geral, as mais importantes referências de definição de processo e atividades de gerência de risco, uma análise comparativa das referências de processo de gerência de risco e os métodos utilizados na execução das atividades, conforme Figura 1.

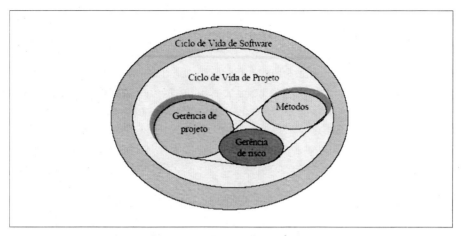

Figura 1 – *Escopo do capítulo 2.*

2.2 Ciclo de Vida de Software

O ciclo de vida de software vai desde a concepção de idéias até a descontinuidade do produto de software [ABNT, 1998]. Durante o ciclo de vida de software são executados vários processos, sendo que cada um contribui para atingir os objetivos de um estágio do ciclo de vida de software [ISO/IEC 15288, 2001].

Uma taxonomia para o ciclo de vida de software é definida pela Norma NBR ISO/IEC 12207 – Processos de ciclo de vida de software. Essa norma tem como objetivo definir todos os processos necessários para que a aquisição, o fornecimento, a operação, o desenvolvimento e a manutenção do software possam ocorrer com qualidade. A norma agrupa as atividades que podem ser executadas durante o ciclo de vida de software em: processos fundamentais (aquisição, fornecimento, desenvolvimento, manutenção e operação), processos de apoio (documentação, gestão de configuração, garantia da qualidade, verificação, validação, revisão conjunta, auditoria, resolução de problemas, usabilidade e avaliação de qualidade de produto) e processos organizacionais (gerência organizacional, melhoria, infra-estrutura e recursos humanos).

Os modelos de ciclo de vida são categorizados pela definição de uma seqüência de atividades pré-definidas, que têm como objetivo o desenvolvimento ou a manutenção do software. Alguns modelos de ciclo de vida incluem cascata, incremental e espiral.

Alguns modelos de ciclo de vida, como o espiral e incremental, embutem a Gerência de Risco como uma parte integrante do processo de desenvolvimento de software. O modelo em espiral é dirigido a risco [BOEHM, 1989], pois em cada iteração temos uma análise de risco do projeto em si (Figura 2). O modelo incremental, utilizado no processo unificado, tem como premissa a resolução dos riscos porque é centrado na arquitetura, incremental e orientado a casos de uso [ROYCE, 1998]. Esses modelos, no entanto, focam riscos do ponto de vista técnico, pois não levam em consideração os riscos inerentes ao projeto, ao empreendimento, do software como um todo. É factível que boas práticas de engenharia de software, tal como a de utilização de ciclos curtos, possam reduzir os riscos técnicos, mas essa abordagem está mais para uma técnica de prevenção de riscos, que é parte integrante da gerência de risco.

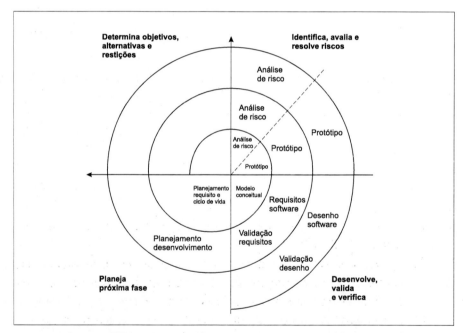

Figura 2 – *Modelo em espiral por Barry Boehm*

2.3 Ciclo de Vida de Projeto

Primeiramente, o projeto é um meio para organizar o trabalho a ser realizado, de forma a garantir que os produtos ou serviços requeridos pelas organizações

Anexo 3

sejam gerados ou executados. Os projetos são importantes porque é através deles que as organizações realizam as suas metas.

Cada projeto, em uma estrutura de múltiplos níveis, é tratado como se fosse uma "empresa" no que diz respeito a autoridade e recurso. A autorização de um projeto, normalmente, é de responsabilidade da gerência organizacional; sendo que a empresa deve ter recursos para fazer o trabalho antes de se comprometer com um projeto [STEVENS, 1998].

Segundo o PMBOK [PMI, 2000], as organizações executam trabalhos, que são implementados através de projetos e operações. Operações são tarefas rotineiras que têm como resultado um produto definido e conhecido. Já os projetos são empreendimentos realizados para se criar um produto ou serviço único. Os projetos caracterizam-se por [PMI, 2000]:

□ Temporalidade: Têm início e fim definidos [SEI, 2000];
□ Resultado, serviço ou produto único: Envolve fazer alguma coisa que nunca foi feita anteriormente;
□ Elaboração progressiva: Característica de projeto que integra os conceitos de temporalidade e unicidade. Significa realizar em passos de forma incremental.

O ciclo de vida de projeto serve para definir o início e o fim do projeto. Também define quais são as fases que o projeto irá executar e os produtos gerados em cada fase.

Ele diferencia-se do ciclo de vida de software porque o desenvolvimento e/ou manutenção do software pode ser feito através de um ou vários projetos.

A maioria dos ciclos de vida de projeto compartilha características comuns que são [PMI, 2000]:

□ o nível de custo e a quantidade de recursos humanos envolvidos são baixos no início do projeto, elevados nas fases intermediárias, caindo rapidamente durante a conclusão do projeto;
□ a probabilidade de concluir um projeto com sucesso é mais baixa no início porque os riscos e o grau de incertezas são maiores nas fases iniciais. A probabilidade de conclusão bem sucedida é elevada progressivamente durante o andamento do projeto;
□ a capacidade dos *stakeholders* em influenciar as características finais dos produtos e o custo final do projeto é mais elevada no início e cai progressivamente durante o seu andamento.

254 CMMI ♦ Integração dos Modelos de Capacitação e Maturidade de Sistemas

2.4 Gerência de Projeto

A gerência de projeto é a aplicação de conhecimento, habilidades, técnicas e ferramentas em atividades de projeto, a fim de satisfazer os seus requisitos [PMI, 2000].

A gerência de projetos cobre todas as atividades relacionadas a planejamento, obtenção e alocação de recursos, implementação, monitoramento, controle, verificação e medição dos processos do projeto. O início se dá pelo planejamento, onde o projeto é definido em termos de recursos e planos de desenvolvimento e obtém-se o comprometimento de todos os envolvidos. Uma vez que esses planos são estabelecidos e o projeto está em desenvolvimento, o controle e o monitoramento são usados para assegurar que os planos estão sendo seguidos, que o progresso é monitorado e que ações são executadas quando desvios ocorrem [SEI, 2000].

Gerenciar um projeto é realizá-lo através do uso de processos [PMI, 2000].

Existem várias abordagens para identificar os processos necessários para a realização do projeto. Para algumas delas a gerência de risco é parte integrante da gerência de projetos, já para outras não. Para evidenciar essa questão será abordada na próxima seção a relação entre gerência de projetos e gerência de risco.

2.5 Relação entre Gerência de Projeto e Gerência de Risco

A gerência de risco é um tópico muito amplo, o que dificulta a delimitação da fronteira entre gerência de projetos e a gerência de risco ou mesmo, se é necessário separá-las.

Não existe consenso na comunidade de software em relação a esse tópico, pois as normas e os modelos atuais não têm uma forma padrão para descrever o relacionamento entre a gerência de risco e a gerência de projetos, nem tão pouco entre o objetivo do processo e as atividades da gerência de risco. Esse fator é uma evidência da falta de maturidade da comunidade de engenharia de software em relação ao assunto, pois as normas e modelos devem descrever e consolidar um conhecimento já existente.

Como conseqüência, torna-se mais difícil o entendimento, a definição dos processos e dos papéis em relação à gerência de risco, pois não se tem uma visão unificada.

Anexo 3   **255**

A definição do processo de gerência de risco é importante porque determina de quem é a responsabilidade por conduzir essa atividade. Segundo Stephen Grey [GREY, 1995], existem três diferentes visões para o relacionamento entre gerência de projetos e gerência de risco.

A Figura 2.3 abaixo apresenta uma visão tradicional da gerência de risco. Ela é vista como parte da gerência de projetos; é executada pelo gerente de projeto ou delegada para um membro da equipe, ou seja, as funções de gerência de risco são executadas em nível de projeto na organização.

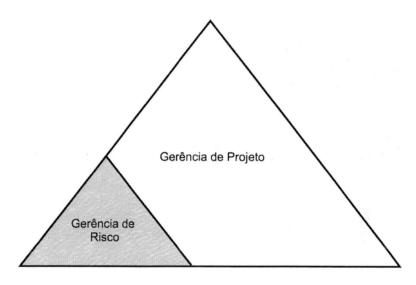

Figura 2.3

A Figura 2.4 enfoca que o principal propósito da gerência de projetos é gerenciar os seus riscos. Nessa visão, a gerência de projetos é voltada para gerenciar riscos, ao contrário da Figura 2.3, pois se baseia na idéia de que, se não existe risco em um projeto, a necessidade da gerência de projetos desapareceria podendo tornar-se uma atividade meramente administrativa. Quando a abordagem adotada é essa, muitas organizações chamam a gerência de projetos de "Gerência de projetos dirigida a riscos".

A visão da Figura 2.5 ilustra o fato de que a gerência de risco deve considerar todos os aspectos da gerência de projetos, mas existem algumas tarefas que deveriam ser delegadas pelos gerentes para consultores ou especialistas

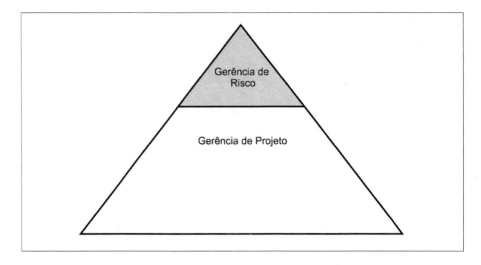

Figura 2.4 – *Gerência de risco é a razão da gerência de projetos. Fonte: Pritchard, 1997.*

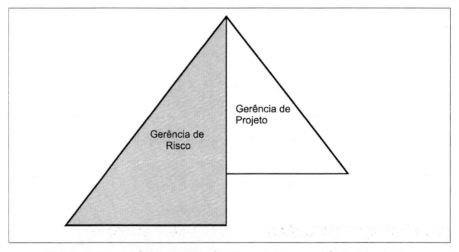

Figura 2.5 – *Gerência de risco é independente da gerência de projetos*

externos. A gerência de risco seria um processo separado e apoiaria todos os projetos da organização.

A seguir são apresentadas opiniões de diversos autores sobre a relação ente gerência de projetos e de risco, conforme a Tabela 2-1.

Tabela 2-1 - Relação entre gerência de projetos e gerência de risco

Abordagem da gerência de risco	Opiniões	Autores
Inserida na gerência de projetos	Risco do projeto como parte integrante da gerência de projetos. A gerência de risco deveria ser uma metodologia para se gerenciar projetos, ao invés de uma função independente de outras funções de gerência de projetos. Portanto, gerência de projetos é inseparável de gerência de risco [CHADBOURNE, 1999] [PRITCHARD, 1997]. O PMI, apesar de indicar que pode haver um responsável pela gerência de risco determina que o gerente de projeto deve integrar todas as áreas de conhecimento. Portanto, ele é o responsável final pela gerência de risco em nível de projeto [PMI, 2000]. A IEEE 1074.1 - *Guide for Developing Software Life Cycle Processes* indica que uma atividade do gerente de projetos é gerenciar riscos [IEEE 1074.1, 1995].	[CHADBOURNE, 1999] [PRITCHARD, 1997] [PMI, 2000] [IEEE 1074.1, 1995]
Razão da gerência de projetos	Não foram encontradas referências	Não foram encontradas referências
Independente da gerência de projetos	O futuro *ISO Guide 73 -Risk Management - Vocabulary - Guidelines for use in standards,* que estabelece a nomenclatura para gerência de risco, determina que ela é parte de uma fronteira maior dos processos de gerência das organizações. A gerência de risco deve ser conduzida por outras pessoas independente do gerente de projeto, pois deve abranger toda a organização [ISO GUIDE 73, 2001]. As normas 12207 versão 2000 e 15504 estabelecem que a gerência de risco é um processo separado da gerência de projetos [ISO/IEC PDAM 12207, 2002] [ISO/IEC 15504, 1999].	[ISO GUIDE 73, 2001] [ISO/IEC PDAM 12207, 2002] [ISO/IEC 15504, 1999]

2.6 Evolução da Gerência de Risco nas Normas e Modelos

O conceito presente por trás das normas e modelos de maturidade em organizações que produzem software está ligado intimamente a risco, isso porque a filosofia destas referências é quanto mais organizado for o processo, menor será o risco de falhas, no processo e no produto. Segundo Humphey, cada nível de maturidade está associado ao nível de risco que a organização de software está apta a controlar.

258 CMMI ♦ Integração dos Modelos de Capacitação e Maturidade de Sistemas

Teoricamente, o mais alto nível de maturidade possui o mais baixo risco para o processo de desenvolvimento porque, quando uma organização avança para posições mais altas nos níveis de maturidade, os riscos são reduzidos a níveis aceitáveis [MYERSON, 1996]. Mas, além do risco do processo de desenvolvimento, que são reduzidos pela própria utilização do modelo, existem os riscos do próprio projeto de software, que precisam ser explicitados e gerenciados. É sob essa perspectiva, de projeto, que vamos analisar a evolução das normas e modelos.

Na última década, as normas e os modelos de engenharia de software têm evoluído em relação à gerência de risco. Em versões anteriores do CMM – Modelo de Capacidade e Maturidade, da ISO 9000 – Gestão da Qualidade e da ISO/IEC 12207- Processos de Ciclo de Vida de Software as atividades de gerência de risco não eram enfatizadas e estavam distribuídas em outros processos ou atividades [HUMPHREY, 1987a] [PAULK et al., 1993] [ABNT, 1998]. Nas versões atuais dessas normas e modelos foi inserido o processo de gerência de risco como prática a ser executada em um projeto ou organização que queira ter qualidade no seu processo de desenvolvimento e manutenção de software. O mesmo ocorreu com o PMBOK – Corpo de conhecimento em gerência de projetos que, na sua versão atual, ampliou significativamente o processo de gerência de risco em relação à versão de 1996. A Tabela 2-2 mostra a evolução dessas normas e modelos no decorrer do tempo.

Tabela 2-2 - Evolução das normas e modelos em relação à gerência de risco

Referência	Objetivo	Evolução em relação à gerência de risco
ISO/IEC 12207	Estabelece uma estrutura comum de processos para ser utilizada como referência na contratação de produtos e serviços de software, bem como descreve as melhores práticas de engenharia e gerenciamento de software.	▪ Na versão de 1995, a norma trata gerência de risco de forma dispersa nos vários processos da norma [ABNT, 1998]. ▪ Em 1998 a ISO publica um guia que declara a importância dos riscos do projeto e da organização na seleção do modelo de ciclo de vida [ISO/IEC 15271, 1998]. ▪ Em 2002 será publicado um anexo da norma que insere a gerência de risco como um processo [ISO/IEC PDAM 12207, 2002]. ▪ Em 2002 será publicado um guia específico de vocabulário para gerência de risco [ISO GUIDE 73, 2001].

ISO 9000	Especifica requisitos para um sistema de qualidade voltado para software.	▪ Na versão de 1991, risco é tratado como uma forma de prevenção de não conformidade e está diluido nos seguintes pontos da norma: ação de correção, revisão de contrato, plano de desenvolvimento e revisão de projeto. ▪ Na versão de 2000, risco é formalmente citado nas cláusulas 5, 7 e 8 [NBR ISO 9001, 2000] [NBR ISO 10006, 2000] [NBR ISO 9004, 2000].
PMBOK	Define todos os processos e atividades que o gerente de projetos deve executar para que um projeto seja um sucesso.	▪ Em 1996 já existia um processo específico de gerência de risco. ▪ Em 2000 o processo de gerência de risco sofreu grandes modificações e cresceu em termos de detalhamento de atividades, técnicas e ferramentas [PMI, 2000].
CMM/SEI	Modelo para melhoria da maturidade organizacional. Construído como um modelo incremental no qual organização precisa seguir as áreas-chave de processo (KPA) definidas para migrar de um estágio para outro o.	▪ Em 1987 a gerência de risco era tratada como parte do modelo, ou seja, quanto maior o nível de maturidade, menor o risco do projeto de software [HUMPHREY, 1987a][HUMPHREY, 1987b]. ▪ Em 1990 o SEI estabeleceu um programa para definir uma abordagem para gerência de risco. ▪ Em 1992 Van Scoy descreveu a abordagem de 6 estágios para a gerência de risco [VANSCOY, 1992]. ▪ Em 1995 foi descrita uma abordagem de gerência de risco usando-se uma taxonomia baseada em questionário [SISTI & JOSEPH, 1994]. ▪ Em 1997 foi proposta uma área chave adicional no nível 3, para gerência de risco. ▪ Em 2000 foi lançada a versão do CMMI, que possui uma área chave para gerência de risco de projeto [SEI, 2000].

2.7 Definição do processo de gerência de risco

A aplicação dos conceitos e princípios de gerência de risco de outras disciplinas tem requerido adaptações para software. As adaptações realizadas fazem com que diferentes fontes tenham diferentes definições para escopo e atividades da gerência de risco. Nessa seção, serão analisadas as diferentes perspectivas das atividades que compõem o processo de gerência de risco, tanto das normas e modelos quanto da indústria.

As normas e modelos serão apresentados segundo a visão do PMBOK, CMMI, ISO/IEC 12207 e ISO/IEC 15504. Como a ISO 9000 não possui um

260 CMMI ◆ Integração dos Modelos de Capacitação e Maturidade de Sistemas

processo específico para riscos, ela não será explorada. A perspectiva da academia será apresentada através dos autores Barry Boehm e Robert Charette e a perspectiva da indústria será apresentada segundo o MSF – *Microsoft Solutions Framework*. Um comparativo entre as várias definições de processo será conduzido.

2.7.1 Gerência de risco no CMMI – Capability Maturity Model Integrated

Como decorrência da evolução do modelo SW-CMM, em 2000 foi lançado o CMMI – *Capability Maturity Model Integrated*, que agrega, além da representação por estágios (do SW-CMM), a representação contínua.

Na representação contínua, existem as KPAs, que não estão distribuídas em níveis, mas são elas que contêm os níveis de capacidade. Esses processos, assim como o objetivo do alcance da capacidade dos processos, devem ser selecionados pela organização e evoluídos de acordo com os objetivos organizacionais [MACHADO & BURNETT, 2001].

A representação contínua é representada por níveis de capacidade, perfis de capacidade, estágio alvo e estágio equivalente (relação da abordagem contínua para a estagiada) como princípios de organização dos componentes do modelo. Na representação contínua existem seis níveis de capacidade, designados pelos números de 0 até 5 que correspondem a: nível 0 – Incompleto, 1 – Executado, 2 – Gerenciado, 3- Definido, 4 – Gerenciado Quantitativamente e 5 – Otimizado. A evolução das atividades se dá, de acordo com a movimentação da organização, através dos níveis de maturidade. Por exemplo, quanto à atividade de gerência de projetos, no nível de maturidade 1, ela é tão boa quanto o gerente de projeto; no nível de maturidade 2, os planos são realistas e documentados e servem de base para o gerenciamento do projeto; no nível de maturidade 3, a gerência de projetos está baseada em um processo definido e é derivada do acervo da organização; no nível de maturidade 4, técnicas estatísticas e quantitativas são usadas para gerenciar a execução do processo e a garantia de qualidade do produto; e no nível de maturidade 5, a gerência é executada dentro de um ambiente para melhoria contínua [SEI, 2000].

Os componentes do modelo CMMI podem ser agrupados em 3 categorias:

❑ Objetivos específicos (SG – *Specific Goals*) e genéricos (GG – *Generic Goals*) são componentes requeridos e que são considerados essenciais para que a organização alcance a melhoria de processo;

Anexo 3

❑ Práticas específicas (SP – *Specific Practices*) e genéricas (GP – *Generic Practices*) são componentes esperados e que podem ajudar a alcançar os objetivos específicos e genéricos; e
❑ Sub-práticas, produtos típicos de trabalho, extensão das disciplinas, elaboração de práticas genéricas, títulos de práticas e objetivos ajudam a entender o modelo.

Este modelo também é subdividido em áreas de processos, com quatro categorias: Processos de Gerência de Processo, Processos de Gerência de Projeto, Processos de Engenharia e Processos de Apoio. A Tabela 2-3 mostra as áreas-chave de processos dentro das categorias do CMMI.

Os grupos de área de processo básicos são os que estão em nível 1 em relação ao CMMI por estágio, sendo que suas práticas são consideradas essenciais para o alcance do propósito da categoria de processo correspondente. As práticas avançadas estão presentes a partir do nível 2.

Tabela 2-3 - Distribuição das áreas-chave de processos no CMMI

Categorias de processo	Grupo de área de processo	Processos
Gerência de Processo	Básico	• Foco no processo organizacional • Definição do processo organizacional • Treinamento organizacional
	Avançado	• Execução do processo organizacional • Entrega e inovação organizacional
Gerência de Projeto	Básico	• Planejamento de projeto • Monitoramento e controle de projeto • Gerência de "contratos" com fornecedores
	Avançado	• Gerência integrada de projeto • **Gerência de risco** • Gerência quantitativa de projeto
Engenharia		• Desenvolvimento de requisitos • Gerência de requisitos • Solução técnica • Integração de produto • Verificação • Validação
Processos de apoio	Básico	• Gerência de configuração • Garantia de qualidade de produto e processo • Análise e medição
	Avançado	• Resolução e análise de decisão • Resolução e análise de causa

Fonte: [SEI, 2000]

262 CMMI ♦ Integração dos Modelos de Capacitação e Maturidade de Sistemas

A gerência de risco pode iniciar no nível 2, dentro da área de processo de Planejamento de Projeto e Monitoramento e Controle de Projeto, com a simples identificação dos riscos, tendo como objetivo o seu conhecimento e tratamento quando ocorrerem. A KPA de Gerência de Risco é uma evolução dessas práticas para: planejamento sistemático, antecipação e minimização de riscos para a redução pró-ativa de seus impactos no projeto. A descrição da KPA de gerência de risco está contida na Tabela 2-4.

Tabela 2-4 - Descrição da KPA de gerência de risco do CMMI

Objetivos Genéricos e Específicos	Práticas Específicas por objetivos
SG1 - Preparar para a Gerência de risco	SP 1.1 Determinar a origem e categorias. – Sub-prática 1: Determinar a origem dos riscos. – Sub-prática 2: Listar as categorias dos riscos.
	SP 1.2 Definir parâmetros - Definir os parâmetros usados para categorizar riscos e controlar o esforço de gerência de risco. – Sub-prática 1: Definir critérios consistentes para avaliação e quantificação de probabilidade e níveis de severidade. – Sub-prática 2: Definir ameaças para cada categoria de risco. – Sub-prática 3: Definir fronteira, se pertencem ou não a uma categoria, para as ameaças.
	SP 1.3 Estabelecer estratégia para a gerência de risco - Estabelecer e manter estratégia e métodos a serem usados pela gerência de risco.
SG2 - Identificar e analisar riscos	Riscos são identificados e analisados para determinar sua importância relativa.
	SP 2.1 Identificar riscos. Identificar e documentar riscos. – Sub-prática 1: Identificar os riscos associados a custo, cronograma e desempenho, em todas as fases do ciclo de vida do produto. – Sub-prática 2: Revisar os elementos do ambiente que podem impactar no projeto. – Sub-prática 3: Revisar todos os elementos da estrutura de decomposição do trabalho como parte do processo de identificação de risco. – Sub-prática 4: Revisar todos os elementos do plano do projeto como parte do processo de identificação de risco. – Sub-prática 5: Documentar o contexto, condições e possíveis conseqüências para os riscos. – Sub-prática 6: Identificar as partes afetadas por cada risco.
	SP 2.2 Priorizar, estimar e classificar riscos. Avaliar e classificar cada risco identificado usando as categorias e parâmetros definidos, e determinar sua prioridade relativa. – Sub-prática 1: Estimar os riscos identificados, usando um parâmetro definido de risco. – Sub-prática 2: Classificar e agrupar riscos de acordo com as categorias de risco definidas. – Sub-prática 3: Priorizar riscos.
SG3 - Reduzir Riscos	Riscos são manuseados e reduzidos, quando for apropriado, em relação aos seus impactos.

	SP 3.1 Desenvolver planos de redução de risco. Desenvolver um plano de redução de risco para os riscos mais importante do projeto, como definido na estratégia de gerência de risco. – Sub-prática 1: Determinar os níveis e ameaças que definem quando um risco torna-se aceitável e as atividades de acompanhamento do tratamento dos riscos. – Sub-prática 2: Identificar a pessoa ou grupo responsável por tratar cada risco. – Sub-prática 3: Determinar o custo-benefício da implementação do plano de redução de cada risco. – Sub-prática 4: Desenvolver um plano de redução geral para o projeto e coordenar o plano de implementação para cada risco. – Sub-prática 5: Desenvolver planos de contingência para riscos críticos selecionados.
	SP 3.2 Implementar planos de redução de risco. Monitorar a situação de cada risco periodicamente e implementar o plano de redução de risco, quando apropriado. – Sub-prática 1: Monitorar a situação de risco. – Sub-prática 2: Prover um método para acompanhar itens de ações de tratamento de risco pendentes para que sejam concluídos. – Sub-prática 3: Executar as opções de tratamento de risco selecionadas quando o risco exceder o limite definido. – Sub-prática 4: Estabelecer um cronograma ou período de execução para cada plano de risco a ser tratado e para cada atividade. – Sub-prática 5: Prover um comprometimento contínuo de recursos para cada plano para permitir a execução com sucesso da estratégia de tratamento de risco. – Sub-prática 6: Coletar as métricas de desempenho nas atividades de tratamento de risco.
GG3 - Institucionalizar um processo definido	O processo é institucionalizado como definido
	GP 2.1 (CO 1) Estabelecer uma política organizacional. Estabelecer e manter uma política organizacional para planejamento e execução do processo de gerência de risco.
	GP 3.1 (AB 1) Estabelecer um processo definido. Estabelecer e manter a descrição do processo de gerência de risco definido.
	GP 2.2 (AB 2) Planejar o processo. Estabelecer e manter os objetivos, requisitos e planos para executar o processo de gerência de risco.
	GP 2.3 (AB 3) Prover recursos. Prover recursos adequados para a execução do processo de gerência de risco, desenvolver os produtos de trabalho e prover os serviços do processo.
	GP 2.4 (AB 4) Assinalar responsabilidade. Assinalar responsabilidade e autoridade para executar o processo, desenvolver os produtos de trabalho e prover os serviços do processo de gerência de risco.
	GP 2.5 (AB 5) Treinar pessoas. Treinar as pessoas para executar e apoiar o processo de gerência de risco, quando necessário.
	GP 2.6 (DI 1) Gerenciar configurações. Inserir os produtos de trabalho do processo de gerência de risco sob níveis apropriados de gerência de configuração.
	GP 2.7 (DI 2) Identificar e envolver os *stakeholders* relevantes. Identificar e envolver os *stakeholders* relevantes para o processo de gerência de risco, quando apropriado.
	GP 2.8 (DI 3) Monitorar e controlar o processo. Monitorar e controlar o processo de gerência de risco em relação ao plano e tomar ações corretivas apropriadas.

264 CMMI ♦ Integração dos Modelos de Capacitação e Maturidade de Sistemas

	GP 3.2 (DI 4) Coletar informações de melhoria. Coletar produtos de trabalho, medir resultados e melhorar a informação derivada dos planos e do desempenho do processo de gerência de risco para apoiar o uso futuro e melhorar os processos organizacionais e os bens do processo.
	GP 2.9 (VE 1) Avaliar objetivamente a aderência. Avaliar objetivamente a aderência do processo de gerência de risco e os produtos de trabalho e serviços do processo aos requisitos aplicáveis, objetivos e padrões, e endereçar não conformidades.
	GP 2.10 (VE 2) Revisar a situação com a gerência dos níveis de risco altos. Revisar atividades, situação e resultados para o processo de gerência de risco com a gerência dos níveis de risco altos e resolver os assuntos.
Legenda: SG: Objetivo específico GG: Objetivo genérico SP: Prática específica GP: Prática genérica	

Fonte: [SEI, 2000]

Anexo 4

PEPP: Processo de Software para Empresas de Pequeno Porte Baseado no Modelo CMMI*

*A íntegra deste artigo (premiado no SBQS, 2005 e considerado referencial em excelência), está disponível via Internet. Recomendamos a leitura das demais obras do(s) autor(es) do mesmo.

Heron Vieira Aguiar
heronsw@gmail.com
Universidade Federal de Lavras – MG

Ana Cristina Rouiller
anarouiller@gmail.com
Universidade Federal Rural de Pernambuco – UFRPE

Resumo

Neste trabalho foi desenvolvido um Processo de Software para Empresas de Pequeno Porte, baseados no modelo CMMI.[1] Foi escolhida esta categoria de empresas e este modelo por existirem poucos trabalhos publicados que comprovam a viabilidade de implantação para este cenário. O desenvolvimento do trabalho baseou-se na realidade da SWQuality, uma empresa de pequeno porte, jovem e imatura. A metodologia para criação do processo baseou-se no modelo IDEAL[SM]. O resultado deste trabalho foi a criação de um processo

---

1 O CMMI é uma evolução do *Capabiliiy Maturity Model* (CMM).

266 CMMI ♦ Integração dos Modelos de Capacitação e Maturidade de Sistemas

parcialmente aderente ao nível 2 do CMMI e a observação de que é possível aplicar o modelo a esta categoria de empresas.

1.1 Introdução

Nas empresas de pequeno porte[2], que em 2001 representavam 58% das empresas de software brasileira [MCT 2001], além das dificuldades comuns de implementação, segundo Rouiller [ROUILLER 2001] outros fatores ainda agravam os problemas de uso de processos em empresas de software de pequeno porte, tais como: recursos pessoais e financeiros limitados, falta e/ou pouca cultura em processos, pouco treinamento em engenharia de software, imaturidade metodológica, crescimento ocorrido por demanda, falta de experiência administrativa por parte dos gerentes e diretores e falta de definição das metas organizacionais. São fatores como esses que impedem o crescimento do número de empresas de pequeno porte utilizando processo.

1.2 Objetivos e Justificativas

O objetivo principal desse trabalho é desenvolver um processo de software aderente à realidade das empresas de software de pequeno porte e ao CMMI. Este processo deve ser de fácil adoção, capaz de apresentar melhorias notáveis em um curto espaço de tempo e trazer benefícios organizacionais para a empresa.

Este trabalho se justifica pelo fato não existir um número significativo de trabalhos que comprovem a eficiência do Modelo CMMI para empresas de pequeno porte, embora não haja nenhuma restrição descrita no modelo.

1.3 Metodologia

Este trabalho foi desenvolvido utilizando o CMMI como modelo de qualidade de processo e o IDEAL[sM][IDEAL 2004] como modelo de melhoria de processo. Os passos para criação do processo foram baseados nos 5 estágios do IDEAL[sM]:

---

2 Segundo o MCT é considerado micro as empresas com até 10 funcionários, e pequena as com até 50 funcionários. Estas empresas são referenciadas no trabalho como empresas de pequeno porte.

Anexo 4 **267**

- **Iniciação** *(Iniating):* foram feitas reuniões para aprovação do trabalho na empresa do estudo de caso e definição do modelo de processo a ser utilizado, em seguida foram definidos os recursos necessários;
- **Diagnóstico** *(Diagnosing):* foi feito um diagnóstico da empresa no modelo CMMI, identificando o nível de aderência;
- **Estabelecimento** *(Establishing):* foi elaborado um plano de projeto, onde foram identificadas as atividades necessárias para criação do processo, a sua duração e a estratégia de desenvolvimento;
- **Ação** *(Action):* foi executado e acompanhado o planejamento feito para o trabalho;
- **Aprendizagem** *(Learning):* a cada iteração eram analisados os pontos negativos e positivos dos trabalhos realizados;

2.1 INICIAÇÃO

Nesta etapa foram realizadas reuniões com a alta direção para a aprovação do trabalho na empresa e a definição dos recursos necessários para o desenvolvimento.

O primeiro passo para a criação do processo foi à escolha dos possíveis funcionários da empresa que estariam aptos a participar do *Software Engineering Process* Group(SEPG)[3]. Na escolha destes funcionários foram levados em consideração os seguintes aspectos:

- Conhecimento sobre processo;
- Conhecimento dos projetos executados pela empresa;
- Conhecimento prático de gerência de projetos e tecnologia;
- Disponibilidade para participar de um novo papel na empresa;

Após esta seleção, o SEPG[3] ficou estruturado seguinte maneira:

- *Gerente do Projeto:* alocado para o projeto em tempo integral. Responsável pela gerência do projeto; planejar, coordenar e participar das atividades de definição, validação e institucionalização do processo.
- *Líder do Projeto:* alocado para o projeto em tempo parcial. Responsável por auxiliar o Gerente do Projeto. Foi atribuída também a gerência dos treinamentos necessários na empresa.

---

3 Grupo de Processo responsável pela criação, manutenção e institucionalização dos processos.

- *Membro Temporário:* alocado para o projeto esporadicamente. Responsável por auxiliar na definição de determinada fase do processo quando solicitado. O critério básico para escolha deste funcionário é a relação entre a sua área de atuação na empresa e a fase.

2.2 DIAGNÓSTICO

Para elaborar o planejamento das atividades e saber o estado atual da empresa, com relação aos elementos requeridos no nível 2 do modelo CMMI, foi feito um diagnóstico da empresa. Este diagnóstico foi realizado com a participação do Gerente e o Líder do Projeto, pois estes possuíam visões técnicas, gerências e administrativas dos projetos executados pela empresa.

O diagnóstico foi feito através de uma lista de verificação que continha todas as práticas descritas da versão estagiado do modelo CMMI nível 2. Os critérios para pontuação basearam-se no método de avaliação da norma ISO/IEC 155M. Os resultados obtidos podem ser observados na figura 2.

Neste diagnóstico, constatou-se que a organização encontrava-se no nível 1(Inicial) de maturidade do modelo CMMI. Os resultados obtidos nas PA's foram insatisfatórios, sendo a PA MA a mais crítica, seguida pelas PA's de PMC, PPQA, CM, PP e REQM.

De acordo com o nível 2 do CMMI, a PA REQM encontrava-se mais próxima ao cumprimento dos elementos requeridos na avaliação oficial. Com exceção da PA MA, o restante das PA's possuía alguns procedimentos que foram utilizados no auxílio à criação dos processos. Estes procedimentos necessitavam ser documentados e mantidos.

A PA SAM não foi avaliada por não se aplicar ao negócio da empresa, e também por não ser obrigatória em uma avaliação oficial do nível 2 do CMMI.

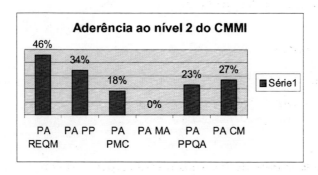

2.3 Estabelecimento

Para uma melhor condução do projeto fez-se necessário à elaboração de um Plano de Projeto, onde foram descritas as atividades para a execução do projeto, a estimativa de duração e um cronograma. O Plano de Projeto serviu também como base para o acompanhamento do projeto durante a sua execução.

Para definir as atividades que iriam compor o Plano de Projeto foi pensado no Modelo de Ciclo de Vida de Projetos. Segundo *Project Management Body of Knowledge* (PMBOK)[PMBOK 2000], as organizações que desenvolvem projetos usualmente dividem-nos em várias fases visando um melhor controle gerencial e uma ligação mais adequada de cada projeto às atividades de caráter repetitivo e contínuo.

A este conjunto de fases do projeto é dado o nome de Modelo de Ciclo de Vida de Projetos. Cada fase do projeto é marcada pela conclusão de um ou mais produto de trabalho *(work product),* tangível e verificável. Desta forma, chegou-se ao consenso de que a criação do processo baseando-se no Modelo de Ciclo de Vida de Projetos seria mais vantajosa para o entendimento do processo.

2.4 Ação

A criação do processo foi dividida com base nas fases no Modelo de Ciclo de Vida de Projetos definido para a empresa. Para cada fase foi eleito um *workteam*[4]. Este *workteam* foi formado pelo Gerente do Projeto e Líder, que eram os responsáveis por conduzir as reuniões, e os Membros Temporários escolhidos para a definição da fase. Nas reuniões de criação do processo eram mapeados procedimentos existentes na empresa, acrescentando as práticas do CMMI.

Definiu-se que institucionalização do processo ocorreria somente quando todas as fases estivessem definidas e validadas.

2.5 Aprendizagem

Após a definição do processo abrangendo todas as Fases do Modelo de Ciclo de Vida de Projetos foi realizada uma validação com o apoio da consultoria

---

4 Equipe de trabalho formada pelos funcionários selecionados para participar da definição do processo.

externa e da alta gerência da empresa. Nesta validação o processo foi classificado com parcialmente aderente ao CMMI.

O primeiro passo da institucionalização foi prover um treinamento no processo para os *stakeholders*[5] envolvidos. Em seguida foram escolhidos dois projetos, nomeados como projetos pilotos, onde foram verificados o uso do processo, as inconsistências e erros existentes. Também foram acrescentadas as práticas que não haviam sido atendidas na primeira validação.

3. PEPP: Processo de Software para Empresas de Pequeno Porte baseado no CMMI

O PEPP: Processo de Software para Empresas de Pequeno Porte baseado no CMMI foi criado baseando-se na realidade da empresa SWQuality Consultoria e Sistemas.

Esta empresa está situada na cidade de Lavras-MG, possuindo 27 funcionários. Dentre eles, quatro são recém formados, vinte são estagiários e três são secretárias. Segundo o MCT [MCT 2001] com este número de funcionários a empresa é caracterizada como pequena empresa.

A SWQuality possui três linhas de negócio:

- *Fábrica de Software:* desenvolve projetos e produtos sob encomenda para clientes (inclusive para outras empresas de software);
- *Ensino a Distância:* editora e elabora conteúdo para cursos a distancia. Administra e customiza ambiente virtual de ensino;
- *Consultoria:* avalia empresas de software e implanta modelos de processo (CMMI, mpsBr, ISO/IEC 15504);

Na construção do processo, foi utilizada a ferramenta Microsoft Office Visio [VISIO 2004] para o desenho do processo.

Esta ferramenta foi escolhida pela facilidade de uso e grande quantidade recursos oferecidos, dentre eles o recurso para publicação no formato de páginas para internet.

As próximas seções descrevem o PEPP em detalhes.

---

5 Grupo ou indivíduo afetado de alguma maneira pelo empreendimento. Inclui entre outros: membros do projeto, fornecedores, clientes, usuários finais.

3.1 Modelo de Ciclo de Vida de Projetos do PEPP

O primeiro passo para criação foi a definição do Modelo de Ciclo de Vida de Projetos. Ele ficou divido em quatro fases, conforme é apresentado na Figura 3.1. Estas fases foram definidas baseando-se na realidade da empresa.

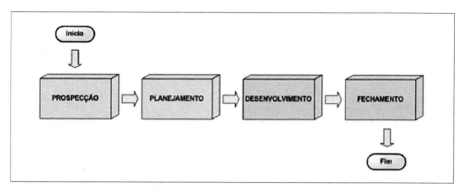

Figura 3.1 – *Modelo de Ciclo de Vida de Projetos*

Para cada fase foram definidas quais as atividades eram necessárias para que os produtos de trabalho fossem gerados. Para cada atividade, era atribuído um, ou mais, responsável pela execução da mesma. Normalmente para cada atividade são atribuídos os artefatos de entra e de saída, podendo existir atividades que não possuam artefatos. Os artefatos de entrada podem ser *templates* de documentos, documentos preenchidos, padrões do processo, elementos informativos. Os artefatos de saída podem ser um, ou mais, artefatos de entrada atualizados ou preenchidos.

Por motivos organizacionais e comerciais, somente a Fase de Prospecção será apresentada na íntegra. As outras fases são abordadas de forma a assegurar propriedade intelectual do PEPP.

3.2 Fase de Prospecção do PEPP

Esta fase é caracterizada pelo atendimento de uma solicitação de projeto feita pelo cliente.

Após a definição do escopo do projeto, é elaborada uma proposta para o cliente. Nesta proposta, estará delimitado o escopo, o cronograma de execução do projeto, o valor do projeto e as restrições contratuais. A aprovação desta proposta pelo cliente implica na mudança para a Fase de Planejamento.

272 CMMI ♦ Integração dos Modelos de Capacitação e Maturidade de Sistemas

Na etapa de *Atendimento,* é realizado o atendimento ao cliente e registra-do a solicitação de projeto.

Na etapa de *Análise,* é realizada uma análise de viabilidade do projeto para a empresa. São considerados aspectos, como por exemplo: tecnologia necessária para execução do projeto, oportunidade de mercado, tipo de cliente, quantidade de projetos em andamento.

Na etapa de *Proposta,* após aprovação da viabilidade, é elaborada uma proposta técnica e comercial contendo: escopo do projeto, estimativa de esfor-ço e custo, cronograma de execução do projeto e as restrições contratuais.

Na etapa de *Negociação,* a proposta é submetida ao cliente. Se a proposta for aprovada o projeto passa para Fase de Planejamento. Caso a proposta não seja aceita, dependendo do motivo relato pelo cliente, é analisado a possibili-dade de se refazer a proposta.

Para complementar as informações do fluxo do processo, foi criado um documento de referência para as atividades das fases. Neste documento, para cada atividade são apresentados:

- Uma descrição sobre sua finalidade;
- Quais são os artefatos de entrada e saída;
- Quem é o responsável por executá-la;
- Quais são as ferramentas que devem ser utilizadas;
- E um passo a passo de como executar a atividade;

Na tabela 3.1 pode ser observado como a atividade é documentada:

Atividade – Atendimento ao cliente	
Finalidade: ⇨ Atender o cliente quando é selecionado um serviço, preenchendo um formulário com os dados do cliente e uma breve descrição do serviço solicitado.	
Artefatos de entrada: ⇨ Template do Formulário de Solicitação de Serviço - FSS	Artefatos de saída: ⇨ Formulário de Solicitação de Serviço - FSS
Papel ⇨ Gerência Geral ou Gerente de Projeto	
Ferramenta:⇨ Word	
Passos: 1. Fazer o atendimento ao cliente; 2. Preencher o template do FSS; 3. Registrar o FSS preenchido na Ferramenta FreeVCS, no projeto Escritório de Gerência de Projeto – EGP (projeto em FSS); 4. Se o autor do FSS for um Gerente de projeto comunicar ao Gerente Geral.	

3.3 Fase de Planejamento do PEPP

Esta fase é caracterizada pelo refinamento do escopo acordado na proposta, e pelo planejamento de como o projeto será executado.

Na Fase de Planejamento, normalmente, o escopo do projeto não está muito detalhado, o que pode gerar desgastes ou até prejuízos entre partes envolvidas no momento de homologação do projeto. Para minimizar os riscos, deve-se detalhar o escopo num nível atômico, abrangendo uma quantidade de detalhes que de segurança para empresa, e após o detalhamento obter o aval do cliente com esta nova versão do escopo.

Outro fator preponderante para a entrega do projeto de acordo com o estabelecido na proposta é a elaboração de um plano de projeto. Este plano contém as diretrizes que todo projeto dentro da empresa deve seguir além dos específicos do projeto.

Os passos para construção deste plano são:
* estimar o esforço, o custo,
* identificar os riscos e os recursos da empresa e do cliente que serão necessários para execução do projeto.

Para finalizar o plano devem ser definidas as iterações do projeto. Após a aprovação do plano pela alta gerência deve-se obter o compromisso do cliente com plano. Esta ação faz com que o cliente esteja ciente do que foi planejado, assumindo as responsabilidades a ele atribuídas e também aproxima do desenvolvimento e dos possíveis problemas que possam acontecer.

3.4 Fase de Desenvolvimento do PEPP

A Fase de Desenvolvimento de um projeto é a fase onde as atividades definidas na fase de Planejamento são executadas.

O primeiro passo desta fase é definir a arquitetura do projeto.

Em seguida são elaborados o projeto conceitual, o lógico e o físico. Após estas atividades, são produzidos os códigos fontes e os casos de teste. Para a conclusão da fase, o código é testado, e em seguida homologado no ambiente definido pelo cliente, podendo também ser homologado no ambiente de desenvolvimento da empresa.

274 CMMI ♦ Integração dos Modelos de Capacitação e Maturidade de Sistemas

3.5 FASE DE FECHAMENTO DO PEPP

Na fase do Fechamento, após a homologação do projeto na Fase de Desenvolvimento, o projeto é implantado em um projeto piloto, e posteriormente no ambiente de produção do cliente. Também são planejadas as atividades de garantia e manutenção, caso existam.

3.6 INSTITUCIONALIZAÇÃO DO PROCESSO

Para facilitar a institucionalização e o uso do processo na empresa, foi criada uma versão navegável do processo.

A versão navegável foi gerada a partir da ferramenta Visio, através da funcionalidade disponível para salvar o processo no formato html(página para internet, sites). Através da versão navegável é possível visualizar todas as fases, etapas e atividades do processo, bastando estar conectado à internet. É possível também ter acesso a todos os *templates* utilizados pelo processo.

O primeiro passo após a criação da versão navegável será prover um treinamento para todos os *stakeholders* envolvidos, apresentando e ensinando o uso do processo.

Serão escolhidos dois projetos, nomeados como *projetos pilotos,* para que as atividades de validação do modelo sejam executadas. Durante a execução destes projetos estarão sendo observadas questões relacionadas a: dificuldade de uso, inconsistência e erros existentes no processo. Em paralelo estarão sendo acrescentadas e/ou corrigidas as práticas que não foram atendidas na primeira versão do processo e os problemas encontrados durante o uso.

Para consolidar o processo, será realizada uma avaliação não oficial, após o término destes projetos, afim de medir a aderência do processo ao CMMI.

3.7 CONSIDERAÇÕES FINAIS DO CAPÍTULO

Embora o processo ainda não tenha sido totalmente institucionalizado, diversas atividades e procedimentos já estão sendo utilizados na empresa. Alguns procedimentos incorporados a projetos em execução se mostraram eficientes, e com boa aceitação pelos *stakeholders.*

Acredita-se que a institucionalização ocorrerá sem grandes impactos na empresa, pois o processo manteve características originais da organização.

Espera-se que após o término dos projetos pilotos o processo esteja muito próximo do cumprimento de todas as exigências do nível 2 do CMMI.

4 Conclusões e Trabalhos Futuros

4.1 CONCLUSÕES

Neste trabalho foi desenvolvido um processo de software para empresas de pequeno porte.

O primeiro passo do desenvolvimento foi à definição dos recursos e a escolha do modelo de processo para implantação. Em seguida foi feito um diagnóstico da empresa e elaborado um plano de projeto.

Durante a execução do projeto foram mapeadas os procedimento e atividades existente na SWQuality, acrescentando as práticas do Cl. MMA institucionalização do processo acontecerá no primeiro semestre 2005, onde serão feitos os ajustes para o que o mesmo esteja totalmente aderente ao nível 2 do CMMI.

Com o resultado da avaliação da primeira versão do processo, no qual foi classificado como parcialmente aderente, chegou-se a conclusão com o PEPP de que é possível implantar o CMMI em uma empresa de pequeno porte.

4.2 TRABALHOS FUTUROS

A partir dos resultados deste trabalho, as seguintes linhas de pesquisa são sugeridas para comprovar e validar a eficácia do processo:

*   Para tornar o processo totalmente aderente ao CMMI, o mesmo deverá ser monitorado e acompanhado durante a execução dos projetos pilotos. Em paralelo deverá estar sendo elaborada uma nova versão do processo com as práticas não atendidas na primeira versão e a correção de erros e inconsistências encontrados;

Deve-se aplicar este processo em outras empresas para que possa mensurar os benefícios gerados com a sua adoção;

Criar uma versão genérica para que outras empresas possam utilizar;

Verificar a aderência do processo com outras normas e modelos de qualidade(ISO 122207, ISO/IEC 15504, mpsBr, ISO 9000); Publicar artigos com o relato de experiência da implantação de PEPP na SWQuality e em outras empresas.

Referências Bibliográficas

[ABNT 1994] Associação Brasileira de Normas Técnicas. NBR ISO 8402/ 1994 - Gestão da qualidade e garantia da qualidade - Terminologia. Rio de Janeiro: ABNT, 1994.

[ANDRADE 2002] Andrade, P. I. Qualidade nos Processos do Ciclo de Vida do Produto com CMMI: Uma Aplicação Prática de Gerência de Configuração na COMPSIS. Dez. 2002. Disponível em http://www.comp.ufla.br/curso/ano2002/.

Impressão e Acabamento
Gráfica Editora Ciência Moderna Ltda.
Tel.: (21) 2201-6662